KB242581

학교장의
도덕적 지도성
연구

학교장의 도덕적 지도성 연구

김재덕 지음

　　종래에 교육행정의 지도성 연구 주제는 주로 실증주의에 의한 합리성이나 능률성을 추구하여 교육조직의 특수성이 고려된 연구보다는 일반조직과 같은 보편적인 법칙을 발견하려고 노력해 왔다. 이러한 시각은 조직관리의 가치를 조직의 정서, 구성원의 의식, 경험적 직감, 도덕성, 헌신, 의무나 임무 등이 간과되고, 합리성, 논리, 객관성, 개인의 이익, 명료성, 개별성 등을 강조하는 결과를 가져왔다. 그러나 학교조직의 지도성 연구는 Sergiovanni(1992)가 그의 '도덕적 지도성'에서 강조한 바와 같이, 지도성에 관한 종래의 문헌들은 행정가의 풍부한 지식과 유능한 기술적 능력이 지도성을 성공적으로 발휘할 수 있게 하였다는 확실한 경험적 증거를 제시하지 못하였다.

　　특히, 지도성 실제에 대한 권위의 기초를 관료제, 심리학적 이론, 기술 등에 지나치게 강조한 나머지 지도성 실제를 위한 보다 풍부한 실제는 개발하기 어려웠다. 따라서 모든 가치와 권위의 기초가 균형과 조화를 이루기 위해서는 지도성 실제에 대한 이론과 운영의 기초를 확대시킬 필요가 있다. 다행스럽게도 요즈음은 이러한 필요성에 대한 요구로 조직의 지도자의 자격조건이 경영능력보다 도덕성이 우선시되는 상황으로 변하여, 학교조직경영자의 도덕성에 대한 연구의 중요성이 크게 강조되고 있는 추세이다. 필자는 이러한 점에 문제의식을 가지고 교육행정학의 지도성 연구가 좀 더 발전하기 위해서는 기존의 지도성 연구법에 머물기보다 지도자의 도덕성과 같은 가치 중심적 연구로 확장되어야 한다고 생각한다.

이러한 시각에서 필자는 한국의 교육행정 학술지에 이미 발표한 도덕적 지도성에 관한 주제를 바탕으로, 기존의 국내·외의 도덕적 지도성 연구물들의 동향을 고찰하고, 학교조직에 있어서 중요한 요소인 상황·효과성·도덕적 지도성과의 관계를 고찰함으로써 향후 한국 교육행정학의 도덕적 지도성 연구에 바람직한 연구 방향과 학교 현장의 교육행정 운영에 작은 도움이 되는 데 본서의 목적을 두고 있다.

본서는 1부와 2부로 나뉘어져 있다. 1부에서는 국내·외의 도덕적 지도성 연구에 대한 동향을 살펴봄으로써 미래에 도덕적 지도성의 바람직한 연구 방향을 제시하였다. 또한 1부의 1장에서는 도덕적 지도성 연구에 중요한 제 이론을 필자의 시각으로 정리하였고, 1부의 2장에서는 도덕적 지도성에 대한 선행연구를 고찰하여 미래 연구의 바람직한 방향을 제시하였다.

제2부에서는 1부에서 고찰한 도덕적 지도성 연구 동향을 바탕으로 바람직한 연구 주제를 선택하여 제시하였다. 즉, 그것은 '학교 상황에 따라 학교장의 도덕적 지도성이 학교조직 효과성에 미치는 영향'

이다. 이 주제를 고찰하기 위해 2부의 1장에서는 연구의 필요성과 목적을 제시하였고, 2부의 2장에서는 1부의 1장과 부분적으로 겹치기는 하지만 도덕적 지도성의 제 이론들과 학교조직의 상황, 학교조직의 효과성을 고찰하였고, 3장에서는 연구방법을 제시하였다. 2부의 4장에서는 2부의 하이라이트인 연구결과들을 기술하였고, 2부의 5장에서는 결론과 제언들을 제시하였다.

이 책이 매일 학교경영에 직면하고 있는 학교장, 장학사, 교육장, 교육감, 학교행정가들에게 의식을 높이는 데 도움이 되길 기대한다.

끝으로, 저의 학문 연구 증진에 많은 도움을 주셨던 고려대학교의 김형관 교수님, 오영재 교수님, 신현석 교수님께 진심으로 감사드린다. 또한 언제나 학자의 바른길을 보여주시는 연세대학교의 연문희 교수님께도 감사드린다.

특히, 제가 가장 존경하고 사랑하는 어머님, 손관임 여사의 88세 생신을 축하하고, 건강을 기원하며 삼가 이 책을 바친다. 그리고 여러 가지 어려운 상황에서도 출판을 흔쾌히 하락해 주신 한국학술정보(주)의 채종준 사장님과 강태우 팀장님, 편집부의 이지연 선생님께 감사드린다.

2008년 5월

저자 김 재 덕

목 차

1부

도덕적 지도성의 연구 동향

제1장

도덕적 지도성 제 이론 및 개념

지금까지 교육행정의 지도성 연구 주제는 주로 실증주의에 의한 합리성이나 능률성을 추구하여 조직의 개인적 측면은 소홀히 되고, 조직 중심적 측면을 강조하였다. 그래서 대부분의 연구는 교육조직의 특수성이 고려된 연구보다는 일반조직과 같은 보편적인 법칙을 발견하려고 노력해 왔다. 그 결과, 지도성에 관한 종래의 문헌들은 행정가의 풍부한 지식과 유능한 기술적 능력이 지도성을 성공적으로 발휘할 수 있게 하였다는 확실한 경험적 증거를 제시하지 못하였을 뿐만 아니라, 지도자가 갖추어야 할 자질과 능력의 측면에서 매우 벗어나 있다는 비판과 지나친 심리학적 고찰이라는 비판이 대두되었다(Sergiovanni, 1992: 2). 최근에는 이러한 전통적 교육행정이론의 대안적 시각으로 그동안 소홀히 다루어 왔던 조직의 가치문제에 대해 관심이 고조되고 있다.

21세기 우리 학교조직의 경영자는 학습자들의 다양한 욕구, 조직의 목적성취, 구성원들의 다양한 요구 등을 해결해야 하는 복잡하고 어려운 상황에 놓여 있다. 특히 근자에 와서 시험 부정, 성적 조작, 각종 비리 등과 같은 부도덕한 문제로 인하여, 우리의 학교조직은 그 어느 때보다 사회로부터 신뢰를 잃어 점점 더 그 입지가 좁아지고 있는 실정이다. 학교조직은 다른 조직과는 달리 학생들의 지식교육뿐만 아니라 바람직한 인간교육을 하는 조직이므로, 그 어느 조직보다도 더 높은 도덕성을 요구하고 있다. 이러한 상황 속에서 학교경영에 핵심적인 역할을 해야 하는 학교장이 학교조직의 일상에서 일어나는 도덕적 문제나 중요한 의사결정을 해야 할 때, 도덕적 책임의식과 가치가 정립되어 도덕적 지도력을 발휘하지 못하면 학교운영의 목표는 효과적으로 달성하지 못하고, 마침내 학교 운영은 실패를 가져올 것이다.

사실, 그 어느 시대보다 요즈음은 조직의 지도자 자격조건이 경영능력보다 우선시되는 상황에서 조직의 지도자가 도덕적 행위를 발휘해야 의사결정과 문제해결의 증진뿐만 아니라 조직의 효과성을 확보할 수가 있기 때문에(Calabrese, 1986: 4), 학교조직경영자의 도덕성에 대한 연구의 중요성이 크게 강조되고 있다. 본 연구자는 이러한 점에 문제의식을 가지고 교육행정학의 지도성 연구가 좀 더 발전하기 위해서는 기존의 지도성 연구법에 머물기보다 지도자의 도덕성과 같은 가치 중심적 연구로 확장되어야 한다고 본다. 따라서 그동안 국내와 외국의 도덕적 지도성에 대한 선행연구들의 동향을 고찰하여 앞으로의 도덕적 지도성 연구 방향의 시사점을 모색해보는 것은 교육행정학 발전에 매우 필요한 일이라고 생각한다.

이러한 맥락에서 본 연구는 기존의 도덕적 지도성 연구물들의 동향을 고찰함으로써 향후 교육행정학의 도덕적 지도성 연구에 바람직한 연구 방향을 제시하는 데 그 목적을 둔다. 이를 달성하기 위해 먼저, 도덕적 지도성에 대한 이론의 고찰과 도덕적 지도성의 개념을 정립해 보고, 다음으로는 선행연구들의 동향을 분석하고, 결론으로 향후 도덕적 지도성에 대한 연구 방향을 위한 시사점을 제시하고자 한다.

교육행정에서 도덕은 어떤 측면에서 전개되어야만 하는가? 이는 도덕을 어떤 시각으로 볼 것인가와 관련된 도덕이론의 문제라고 할 수 있다. 도덕이론은 특정한 상황에서 무엇이 옳고 그른지, 또 무엇이 좋고 나쁜지를 판단하고, 행동하는 데에 중요한 지침이 되는 법칙과 원칙의 체계를 제공해 준다. 또한 도덕이론은 리더십과 관련하여 리더가 어떻게 행동해야 하며(행위적 관점), 어떻게 도덕적인 판단을 해야 하며(추론적 관점), 그리고 누가 리더가 되어야 하는가와 관련된다(자질적 관점).

본 연구에서 제시하고 있는 관점들은 주로 일반적으로 활용되고 있는 것으로서 자질적 관점은 Northouse(2001: 305-306, 재인용)의 시각을, 행위적 관점은 Northouse(2001: 303-305)의 시각을, 추론적 관점은 Kohlberg(1981)와 Hodgkinson(1991: 97-101)의 종합한 시각을 중심으로 살펴보고자 한다.[1]

---

[1] 여기에서 제시된 도덕적 지도성에 대한 세 가지 이론은 아직 학자들 간의 관점이 달라 합의된 것은 아니나, 교육행정학에서보다는 일반 경영이론에서 이 세 가지 관점이 현재 사용되고 있다는 점과, 도덕교육에 있어이 세 가지 관점이 중요하게 강조되고 있다는 점(박병기, 추병완, 1996: 86-146)을 고려한 관점에서 정리한 것임을 밝힌다.

1. 자질적 관점

이 관점은 도덕적 지도자에 대한 시각을 자질이나 덕성, 혹은 품성으로 보는 시각이다. 즉 어떤 가치를 가지고 있어야 도덕적 자질이 있는 리더인가에 대한 문제이다. 그렇다면 도덕적 지도자의 덕성이란 무엇인가? 아리스토텔레스는 용기, 절제, 관용, 자제, 정직, 사교성, 겸양, 공정, 정의 등으로 보았고, Velasquez는 인내, 공적 사명감, 정직성, 진실성, 충실성, 자비심, 겸손 등 정의적 특성을 제시하였다(Northouse, 2001: 305-306, 재인용).

본질적으로 자질적 관점은 선하고 가치 있는 인간이 되는 것에 대한 이론이다. 이 시각의 주장은 사람이 선한 가치를 학습하고 발전시킬 수도 있지만, 그러한 자질은 개인의 성향 속에 내재한다고 주장한다. 즉 어려서 어른이 될 때까지 자질을 익히게 되면 시간이 지남에 따라 그동안 학습한 좋은 가치가 습관화하여 개인의 한 부분으로 내면화된다는 것이다(Northouse, 2001: 306).

그러나 오늘날과 같은 복잡한 현대사회에서 조직의 지도자는 인간과 인간의 관계 속에서 일어나는 갈등의 문제를 해결하고, 조직의 목표를 향해 진취적으로 나아가야 하는 어려운 상황에 처해 있다. 그러므로 조직의 지도자는 조직의 문제에 대해 먼저 깊이 생각하고, 합리적이고 도덕적인 판단을 해야 하고, 때로는 조직의 하위자들의 이익을 위해 헌신하고 봉사해야 한다. 이러한 점에서 자질적 관점이 도덕적 판단과 도덕적 행동 특성이 갖는 헌신, 봉사 등의 측면을 어떻게 이해할지에 대해서는 충분히 설명하지 못한다는 지적이 제기될 수 있다. 또한 문화에 따라 다르게 나타나는 지도자의 도덕적 자질의 개념을 어떻게 타당화할 것인지에 대한 구체적인 근거를 제시하지 못하는 단점이 있다.

2. 추론적 관점

이 관점은 조직의 지도자가 가치갈등이 되는 도덕적 문제를 어떻게 도덕적으로 판단하거나 결정을 할 것인가에 대한 시각이다. 즉 추론적 관점은 도덕적 문제에 대해 상이한 가치들이 갈등을 하게 될 때, 합리적인 결정을 하도록 그 근거를 제공해 준다. 도덕적 추론이란 무엇이 옳고 그르며 좋고 나쁜지를 이성적으로 받아들일 수 있는 훌륭한 이유에 기초하여 도덕적 결정을 하는 것이다(Kohlberg, 1981). 그러므로 도덕적 추론은 도덕적 판단 과정의 하나로서, 도덕적인 문제에 대하여 합리적으로 논의하는 것이며, 과학적인 문제나 법적인 문제에 대한 추론들과도 관련이 있다(박병기·추병기, 1996: 91). 도덕적 판단을 하는 데 인지적인 과정이 필요한 이유는 도덕적인 가치의 문제 그 자체가 고립되어 해결될 수 있는 성질의 것이 아니기 때문이다. 즉 인간은 무엇이 옳고 그른 것인지를 결정하기 위해서는 일반적으로 인간가치에 대한 하나의 입장이 되는 준거가 필요하다.

그렇다면 주어진 갈등상황에서 어떻게 가치의 개념을 타당화하고,

정당화하고, 결정하여 중요한 순서를 어떻게 정할 수 있는가? 이는 조직의 도덕적인 가치의 갈등을 리더가 어떻게 해결할 것인가의 문제이기도 하다.

이에 대해 Hodgkinson(1991: 97－101)은 교육행정은 기술공학적인 정교함보다는 예측적인 설명력과 인간 의지와 선택, 책임감 등의 가치문제를 다루어야 함을 주장하면서, 개인적 차원(idiographic dimension)과 조직 중심적 차원(nomothetic dimension)에서 발생하는 다양한 가치갈등에 대한 분류를 의무론적 차원(옳음의 영역)과 가치론적 차원(좋음의 영역)으로 나누어서 제시하였다. 주어진 갈등상황에 대한 가치개념의 분석은 원리, 결과, 합의, 선호 중에서 어디에 가치기준을 두느냐에 달려 있다는 것이다.

먼저, '원리'에 기반을 둔 가치유형의 행동은 이성을 초월한 개인의 의지나 믿음에 근거한 행동으로 형이상학적이다. 이것은 윤리강령, 명령, 계명 등의 형태를 취한다. 그 특징은 과학적으로 검증될 수 없고 단순한 논리적 주장으로 정당화될 수 없다. 그래서 이 가치유형은 초월적인 가치유형으로서 합리적 가치유형과 전합리적(subrational) 가치유형과 구별되는 절대성을 가지고 있다. 따라서 원리는 합리성과 갈등하지 않는 나름대로의 합리성을 가지고 있기 때문에, 이성적 추론보다는 의지에 근거를 두는 특징을 가지고 있다. 이에 대한 선택은 신뢰, 신념, 공약 등의 행동을 내포하고 있다. 예를 들면, 국가나 사회를 위한 헌신적 행위를 들 수 있다.

다음으로, '합의와 결과'로 이에 대한 가치 기반은 이성과 인지능력을 포함하고 있으며, 그 기반이 집단성과 집단적 판단에 의존하기 때문에 사회적이다. 결과의 분석은 사회 상황, 사회 규범, 기대, 사회 기준에 주어진 체제 등을 전제로 한다. 예를 들면, 합리성은 합의과정을 거쳐 개인의 선호가 된다. 결과는 가치를 얻은 결과를 분석한 근거에 의해 가치가 정당화된다.

그 다음으로, 대상이나 행위의 '선호'는 개인적 정서에 기반을 두고 있다. 개인의 선호 형태를 구성하는 이 유형은 자기 판단적, 정서적, 감정적이기 때문에 전합리적이다. 그러므로 나는 왜 그를 좋아하는가에 대한 가치는 그냥 내가 좋아하기 때문이다가 된다. 이 가치유형은 원초적이며 본질적인 사실에 의하기 때문에 있는 세계는 있는 그대로다. 예를 들면, 나는 검정색보다 파란색을 더 좋아한다. 파란색을 선호하는 것은 특별한 이유 때문이 아니라 그냥 파란색이 좋은 것이다.

그러나 추론적 관점은 도덕이라는 가치를 지나치게 인지적인 사고의 과정과 복잡한 가치기준에서 보려는 경향이 있기 때문에 가치들 간의 가치갈등이 더 심화되어 가치판단에 혼란을 야기하여, 특정한 도덕적 맥락에서 절대적인 원칙들 간의 가치갈등을 어떻게 해결할 것인지에 대한 구체적인 대안을 제시하지 못하고 있다. 추론적 관점은 도덕적 판단이 도덕적 행위로 연결될 수 있다는 단순한 논리를 하고 있어 비판을 받았으며, 비록 인지적인 도덕적 이해와 판단이 도덕적 행동을 위한 필요조건은 될 수 있을지 모르나 그 자체가 충분조건은 되지 못한다(박병기, 추병완, 1996: 115-116). 그럼에도 불구하고, 추론적 관점은 무엇이 가치인지, 즉 인류의 보편적 상황에 대한 원칙적인 근거를 제시하고 있다는 점에서 큰 장점이 있다.

3. 행위적 관점

이 관점은 어떤 행위를 하는 사람을 도덕적인 사람이라 할 수 있는가에 대한 시각이다. 즉 어떤 행위가 도덕적 지도자의 행위인가의 문제이다. 이에 대하여, Northouse(2001: 303－306)는 그의 저서인 "지도성: 이론과 실제(Leadership: Theory And Practice)"에서 도덕적 행위는 결과를 중시하는 목적론과, 행위의 결과만이 아니라 그 행위가 선한 것이냐의 여부를 보는 의무론으로 나누어 제시하였다.

목적론(teleological theory)은 한 인간의 행위가 바람직한 결과를 발생하느냐 아니냐에 따라 옳고 그름을 정하는 것이다. 즉 "무엇이 옳은가"라는 질문에 대해 목적론에서는 그 결과를 보고 답하게 된다. 전적으로 행위의 결과에 의해 옳고 그름을 정하는 것이다. 이에 대한 준거는 우선, 한 개인이 자신에게 최선이 되는 것을 창출하기 위해 행동하는 도덕적 이기주의이다. 예를 들면, 어떤 회사나 종업원들이 최대의 이익 달성을 목적으로 의사결정을 내리는 경우에 해당된다. 승진을 열망하는 중간관리자가 자신의 팀이 그 회사에서 최고가 되길 바란다면 그의 행위는 도덕적 이기주의에서 나온 것이라고 말할 수 있다. 다음으로, 최대다수의 이익을 위한 공리주의이다. 예를 들면, 한 국가가 국가의 예산 중에서 일정 부분을 재해나 질병을 위해 배분하기보다, 건강예방을 위해 더 많은 사람들에게 그 예산을 배분한다면 국가의 예산은 최대다수의 시민을 위해 최선의 노력을 한 것이므로, 그것은 공리주의 시각에서 나온 것이다. 그 다음으로는, 어떤 행위의 일차적 목적이 타인의 최대이익을 위하여 행동한다는 이타주의이다. 이타주의는 공리주의와 유사한 행위로서, 리더는 자신의 개인적 이익에 반하더라도 타인의 이익을 위해 행동한다. 이에 대한 가장 좋은 예는 가난한 사람들을 위해 일생을 바친 테레사 수녀의 행적이라고 할 수 있다.

의무론(deontological theory)은 행동의 결과보다는 타인에게 행동을 할 때 정직하게 말하고, 약속을 지키고, 공정하고, 타인을 공경하는 등의 선한 행동을 해야 하는 의무와 책임이다. 그러므로 주어진 행위가 도덕적이냐 아니냐는 단지 행위의 결과만이 아니라 그 행위 자체가 선한 것이냐, 선하지 않느냐의 여부에 달려 있다. 따라서 의무론적 관점은 선한 행동을 해야 하는 도덕적 의무와 책임에 그 초점을 두고 있다. 예를 들면, 미국의 빌 클린턴 대통령이 백악관 여직원과 부적절한 관계를 맺은 사건에 대해 의회에서 진실을 말할 것을 선서하고서 허위진술을 한 경우에 많은 미국의 국민들은 대통령으로서 진실을 말해야 하는 의무를 저버렸다고 믿는 사람들이 많았다. 의무론적 관점에서의 도덕적 지도자는 추종자들에게 선한 행동을 하는 사람이다. 그러므로 도덕적 지도자가 조직을 이끄는 힘은 그 무엇보다도 추종자들에게 행하는 선한 행동이다.

그러나 결과를 중요시하는 목적론은 인간이 목적을 위한 수단이 될 수 있다는 점과, 의무론은 인간을 목적시한다는 점을 지적받을 수 있다. 사실 경영자가 느끼는 의무는 여러 가지가 있을 수 있으므로 이들 간에는 갈등이 생긴다. 그러므로 갈등을 해결할 수 있는 확실한 기준이 필요하다. 또한 의무론에서 말하는 예외 없이 지켜야 할 도덕적 의무와 책임이란 과연 무엇인가에 대해 확고한 근거가 부족하다. 조직구성원 개개인의 가치관의 차이를 도덕적 의무와 책임이라는 추상적인 개념만으로 좁히기는 어렵다고 본다.

지금까지 도덕이론에 대하여 세 가지 관점들을 살펴보았다. 도덕적 지도성에 대한 선행연구들에 대한 정의도 대부분 이러한 세 가지 관점에서 제시되고 있다. 이들에 대해 살펴보면 다음과 같다. Calabrese(1986: 1)는 "윤리적 지도성은 공정성, 공평성, 헌신, 책임, 그리고 의무와 관계하며, 윤리적 지도자가 좋은 학교를 만들며 조직의 효과성을 높일 수 있다"고 하였다. 김필녀(2003: 10)도 "도덕적 지도성이란 학교조직을 이끌어 가는 교장의 지도성으로, 학교장으로서 갖추어야 할 도덕적 품성인 청렴성, 사명감, 공정성, 책임감과 학교장으로서 지녀야 할 능력인 권한부여, 비전제시 등을 바탕으로 추종자의 존경과 신뢰를 획득하고, 나아가 교사의 능력을 계발하고, 교사들이 자율적으로 직무를 수행하도록 조장하여 효과적으로 학교가 운영되도록 하는 지도성을 말한다"라고 하였다. 또한, Koklberg(1981)는 "도덕적 지도성은 도덕적 추론의 원칙에 의해 안내되고, 고취되며, 지시되는 지도성이다"라고 하였고, 박진숙(1999: 254)은 "도덕적 지도성은 도덕적 추론의 원칙에 의해 합리적인 결정을 내리는 지도성이다"라고 하였다. 또, Greenleaf(1970, 1977)는 리더십은 본질적으로 남을 섬기려는 사람에게 부여되는 것이라고 주장하면서, 리더가 되는 방법은 첫째, 봉사자가 되는 것이라고 하였다. 섬기는 리더는 부하들의 욕구에 관심을 기울이고 그들보다 더 지적이고 자유롭고 독립적이며 부하들 자신이 남을 섬기는 사람이 될 수 있도록 도와주어야 한다고 주장하였다. Wilcox와 Ebbs(1993)도 리더십이란 "본질적으로 남을 섬기려는 사람에게 부여되는 것이며, 지도자의 진실성은 자신의 일련의 가치관에 따라 봉사의 특성이 나타나고 추종자와도 이러한 가치관과 관계한다."고 하였다.

선행연구들의 지도성 정의를 종합하여 보면, 도덕적 지도성을 Calabrese와 김필녀는 자질적 관점에서 공평성, 책임감, 사명감, 청렴성 등으로 보았고, koklberg와 박진숙은 추론적 관점에서 도덕적 추론에 의한 합리적 판단으로 보았고, Greenleaf, Wilcox와 Ebbs 등은 행위적 관점에서 부하들을 섬기는 봉사로 보았다. 즉 도덕적 지도성의 개념을 정의적·인지적·행위적 관점으로 각각 분리해서 나타내고 있다.

그러나 Brabeck(1995: 3−7)은 도덕교육의 바람직한 방법을 제시하면서, 도덕성은 도덕적 민감성, 도덕적 추론, 도덕적 동기화, 도덕적 인격 등을 포함한다고 하면서, 도덕성에 대한 통합적인 이해의 필요성을 주장하였다. 사실, 인간의 행동은 정의, 인지적 사고, 행위가 혼합하여 나타나는 결과라고 할 수 있다. 또한 세 요소를 정확히 구분해서 도덕적 행동이 나타난다는 그 과정을 설명하기도 어려울 뿐만 아니라, 인간을 세 요소로 나눌 수 있는 만큼 단순하지 않다. 도덕적으로 성숙한 인간은 단순하기보다는 포괄적이고 다차원적인 형태로 이루어졌다(박병기·추병완, 1996: 151). 이런 관점에서 도덕적 지도성에 대한 개념 정의도 종합적인 시각에서 정립하는 것이 바람직하다고 본다. 따라서 본 연구자는 도덕적 지도성의 개념을 "지도자가 높은 도덕적 자질을 소유하고, 도덕적 추론에 의해 합리적 판단을 하며, 추종자들을 섬기는 봉사의 지도성"이라고 정의한다.

제2장

도덕적 지도성의 선행연구 동향 분석

　본 연구의 분석에 대한 기준은 다음과 같다. (1) 본 연구의 분석 대상으로 제시된 선행연구물들의 출처는 The Journal of Business Ethics, 국회도서관의 학위논문, UMI, Leadership Quarterly, EAQ 등이다. 이러한 출처의 연구물을 분석대상으로 삼은 것은 교육행정학 연구나 지도성 연구가 일반적으로 게재되는 곳이기 때문이다. 그러나 교육행정학 연구의 주요 논문을 다루는 EAQ에서는 교육행정학에 있어 가치의 중요성을 다루는 2편의 논문을 제외하고는 도덕적 지도성에 대한 논문은 발견할 수 없었다. (2) 분석논문의 시기는 1985~2007년으로 설정하였다. 분석시점을 1985년으로 잡은 이유는 1985년 이후에서야 분석대상(연구방법 측면에서)이 될 수 있는 논문이 나오기 시작했기 때문이다. (3) 분석대상의 연구물들을 공통적인 주제를 분류기준으로 하여 각 주제별로 대표되는 두 편을 분석하였다. 주요 주제별로 나누어 보면 다음과 같다: ① 지도자의 도덕성이나 개인적 가치를 중시하는 연구, ② 조직의 상황과 도덕성과의 관계 연구, ③ 도덕적 지도성 측정도구 개발 연구, ④ 도덕적 지도성과 조직 효과성과의 관계 연구 등 크게 네 주제로 구분할 수 있다. 여기에서는 주제에 따른 주요 논문들의 연구방법, 연구대상, 연구내용, 연구결과, 그리고 각 연구들의 시사점들을 각각 살펴보고자 한다.

1. 지도자의 도덕성이나 개인적 가치를 중시하는 연구

이 주제는 도덕적 지도성에 대한 초기 연구로서 조직경영에 있어서 지도자의 도덕적 행위나 가치가 점차적으로 중요한 요소로 작용하게 되었다. 예를 들어, <표 1>에서 제시된 Mortensen, et al.(1989)은 설문지를 활용하여 각종 직업을 가지고 있으면서 MBA과정을 하고 있는 학생들을 대상으로 하여, 그들의 직장에서 관리자들이 직무를 수행할 때, 도덕적 문제를 얼마나 중요하게 인식하고 있는가를 연구하였다. 그 결과, 직무와 역할의 중요도에 따라 적절한 도덕적 행위가 필요하다는 인식을 하고 있었다. 조직의 크기, 경력연수, 직무역할에 따라 주목할 만한 차이가 있는 것으로 나타났다. 즉 조직의 크기가 작은 조직보다 큰 조직이, 경력이 적은 경우보다 경력이 많을수록, 또한 관리자와 같은 전문적인 일을 하는 사람들일수록 더 도덕성을 중요하게 인식하는 것으로 나타났다. 따라서 이 연구는 조직의 지도자와 중요한 역할을 담당하는 사람들은 다른 능력과 더불어 높은 도덕성을 갖추어야 한다는 점을 시사하고 있다.

또, Stevens(2001)는 경영 대학원에서 9개월간의 도덕적 리더십 훈련을 마친 4명의 졸업생을 대상으로 하여, 과연 이들이 사회에서 도덕적이며 성공적으로 성장하고 있는지를 인터뷰를 통하여 조사하였다. 그 결과, 도덕적 리더십 훈련을 마친 4명의 젊은 지도자들은 사회적으로 성공하여 자기 성장을 하고 있고 사회 공동의 선을 위해 헌신하는 훌륭한 사람으로 살고 있으며, 특히 많은 사람들에게 좋은 평판과 존경을 받고 있었다는 점이 연구의 결과로 나타났다. 이 연구는 헌신과 봉사의 도덕적 지도자가 성공적인 지도자임을 시사하고 있다.

그러나 위에서 제시된 두 편의 논문들은 연구방법에 있어서 도덕적 지도성의 개념을 확고히 정립하지 않은 채, 대부분 사회적으로 용인되는 일반적인 도덕의 개념을 논리적인 과정을 거치지 않고 연구에 그냥 사용하였다. 그래서 질적 연구가 주로 이루어졌고 실증적 연구는 거의 발견하기 어려웠다. 그 결과, 도덕성이 행정의 다른 개념과는 어떤 관계가 있는지를 구체적으로 살펴볼 수 없는 한계점을 가지고 있었다.

위에서 제시된 연구물 외에 초기 연구들은 지도자 개인의 도덕성, 신념, 가치 등이 조직 전체에 영향을 주는 중요한 요소임을 단순히 강조하는 연구들이었다(Starratt, 1991; Eddings, 1995; Moor, 1996; Helen, 1997; Calabrese, 1986; Sapre & Ranade, 2001).

2. 조직의 상황과 도덕성과의 관계 연구

이 주제는 경영학 분야에서 조직의 가치문제에 대한 인식이 점차적으로 높아지면서 처음에는 상황과 도덕적 행위가 어떤 관계가 있는지에 대한 연구가 수행되다가, 점차적으로 지도자의 도덕적 판단과 도덕적 의도는 지도자 개인의 성격변인(규칙지향과 책임회피, 개인의 환경, 도덕적 발달 수준 등)과 상황 요인(조직문화, 작업경험의 질(좋거나 나쁨), 동료의 영향, 사회적 여론, 결과의 심각성 등)이 상호작용하여 나타난다는 가설적 모델을 검증하는 연구들이었다(Jones, 1991; Trevino, 1986). 즉 이러한 연구들의 결과에서 나타난 개인의 도덕적 혹은 부도덕적 행위는 개인적 요인과 상황 요인이 서로 상호작용을 한 결과라는 것을 보여주었다.

예를 들면, <표 1>에서 제시된 Jones & Kavanagh(1996)는 경영학과 대학원생들을 대상으로 설문지를 활용하여 부도덕적 행위와 상황변인의 상호작용에 대한 영향관계를 알아보는 연구를 하였다. 즉 작업경험의 질(좋거나 나쁨), 도덕적이거나 부도덕적인 동료의 영향, 도덕적이거나 부도덕적인 관리자의 영향 등 세 개의 상황변인을 설정하고, 통제의 소재, 마키아벨리즘(Machiavellianism), 성(Gender) 등 세 종류의 개인 성격이 작업장에서 도덕적 갈등이 일어나는 경우에 어떻게 작용하는지를 연구하였다. 그 결과, 첫째 실험인 작업경험의 질의 상황은 마키아벨리즘, 통제의 소재에 중요한 영향을 주었고, 동료의 영향과 관리자의 영향은 상호작용하는 것으로 나타났다. 둘째 실험에서 세 개의 상황변인은 마키아벨리즘에 영향을 주는 것으로 나타났으나, 성(Gender)은 어떤 상황에서도 영향을 받지 않는 것으로 나타났다. 결과적으로 두 실험의 결과에서는 개인의 성격 특성은 상황에 따라서 도덕적 또는 부도덕적 행동에 영향을 주는 것으로 나타났다. 결국 이 연구는 조직의 지도자가 구성원을 관리함에 있어 상황에 대한 깊은 이해와 인식을 통하여 도덕적인 상황이 전개되어야 함을 시사하고 있다.

또한, Harrington(1997)은 정보를 관리하는 전문가들을 대상으로 설문지를 활용하여 상황과 개인의 성격(규칙지향과 책임회피, 개인의 환경, 도덕적 발달 수준 등)에 따른 도덕적 의사결정의 성향을 알아보는 연구를 수행하였다. 그 결과, 규칙을 지향하는 성격의 소유자는 전적으로 도덕적 행동을 하고 책임을 회피하는 성격의 소유자는 전적으로 부도덕적인 행동을 하는 것이 아니라, 행동을 하기 전에 행위자는 먼저, 상황(예를 들면, 법이나 규칙에 비추어 보아 바람직한가의 여부, 부도덕인 행동을 했을 경우에 사회적 여론, 그리고 부도덕한 행동결과에 따른 심각성의 정도 등의 상황)의 형편을 살피고, 그 다음에 자신의 성격에 따라 도덕적 행동이나 부도덕적 행동을 한다는 것이다. 결국 이 연구는 개인의 도덕적·부도적 행동의 결과는 단지 개인의 성격의 결과가 아닌, 개인의 성격과 사회적 상황이 상호 결합된 결과라는 것이다. 따라서 조직의 지도자는 구성원들이 도덕적인 행위를 했을 경우에는 이익을, 부도덕적인 행위를 했을 경우에는 불이익을 수반한다는 것을 교육하고 인식시킬 필요가 있음을 시사해 준다.

이러한 실증적인 연구물들은 상황과 개인의 성격 그리고 도덕적·부도덕적 행위의 관계를 구체적으로 살펴볼 수 있어서, 초기의 연구물들에 비하여 연구방법이 상당히 발전되고 의미 있는 것들이다. 그러나 이러한 연구물들은 거의 기업조직 지도자의 개인적 특성과 사회적인 상황에 따라 도덕적 혹은 부도덕적 행위의 결과를 알아보는 연구이기 때문에, 학교조직의 상황에서 어떤 결과가 나타나는지에 대해서는 알 수 없다. 또 조직에서 중요한 목표인 조직의 효과성과의 관계는 어떻게 나타나는지에 대한 구체적인 연구는 찾아볼 수 없었다.

3. 도덕적 지도성과 조직 효과성과의 관계 연구

이 주제에 대한 국외 연구는 드문 편이며, 국내 연구는 2007년까지 석사학위논문 약 10편, 박사학위논문 2편 등 점차적으로 교육행정학 연구범위를 넓혀가고 있는 실정이다. 예를 들면, <표 1>에서 제시된 Vitell & Davis(1990)는 설문지를 활용하여 정보체계 관리 전문가들을 대상으로 조직 내의 도덕성이 직무만족(봉급, 승진, 동료, 관리자, 일 자체)에 영향을 주는지에 대한 실증적 연구를 수행하였다. 그 결과, 정보체계 관리 전문가들은 최고관리자들이 도덕적 행위를 강조할 경우와 성공과 도덕성의 두 변인이 서로 긍정적인 관계를 가질 때, 자신들의 직무에 만족하는 것으로 나타났다. 단, 봉급은 도덕성과 관계가 없는 것으로 나타났다. 결국 직장 내의 도덕성과 직무만족 간에 인과관계가 성립하여 도덕적 분위기는 직무만족을 높여주는 것으로 나타났다. 따라서 이 연구는 조직의 지도자가 효과성을 높이려면 지도자 자신이 도덕적 행위를 발휘하는 것뿐만 아니라 조직 내에 도덕적 풍토를 조성하는 것이 중요하다는 것을 시사해 주고 있다.

김필녀(2003)는 설문지를 활용하여 초등학교 교사들을 대상으로 "초등학교장의 도덕적 지도성과 교사의 활력화가 학교조직의 효과성에 미치는 영향"이라는 실증적 연구에서 도덕적 지도성의 품성요인의 하위요소(사명감, 청렴성, 책임감, 공정성)와 학교조직 효과성의 하위요소(적응성, 생산성, 직무만족)의 상관계수는 .67(p<.001)로 나타났으며, 특히 직무만족(r=.568)과 상관이 가장 높으며 다른 하위요소들과도 상관이 비교적 높은 편이었다. 학교조직 효과성 정도는 지도자의 품성요인(r=.574)과도 상관이 있음을 보여주었다. 즉 초등학교장이 도덕적일수록 학교조직이 효과적인 것으로 나타났다. 따라서 이 연구는 초등학교가 효과적인 학교가 되기 위해서는 학교장이 도덕적 자질을 갖추어야 함을 시사해 주고 있다.

석사학위논문으로 도덕적 지도성과 학교조직 효과성과의 관계 연구는 국외의 경우는 찾아보기 힘들고, 국내의 경우는 명제창(1998)이 제작한 측정도구를 활용하여 <표 1>에서 제시된 이정숙(2007)의 석사학위논문을 비롯한 10여 편의 석사학위논문은 도덕적 지도성과 헌신도, 사기, 응집성, 성숙도, 만족도 등과 같은 효과성과의 관계를 실증적으로 연구한 것들로, 모두가 학교장의 도덕적 지도성이 높으면 학교조직 효과성이 높아진다는 연구결과를 나타내고 있다.

결국, 대부분의 도덕적 지도성과 조직 효과성 간의 실증적 연구에서는 조직의 풍토가 도덕적이거나 지도자가 도덕적 품성을 가지고 경영을 할 때 조직의 효과가 매우 큰 것으로 나타났다. 특히 도덕적 지도성이 직무만족, 헌신성, 적응성, 생산성, 조직건강 등에 많은 영향을 주는 것으로 나타났다. 그러나 이러한 부류의 선행연구물들은 지도성 연구에서 상황적 조건을 고려하여 지도성 효과를 연구하는 것이 매우 중요함에도(Bass, 1998; Leithwood, 1994; Yusof, 1999) 불구하고, 도덕적 지도성 연구가 학교조직의 상황을 고려한 학교조직의 효과성 연구로 발전되지 못하는 한계를 보여주고 있다.

4. 도덕적 지도성 측정도구 개발 연구

국내·외를 막론하고 도덕성에 대한 측정도구의 개발은 아직 정교하지 못한 초보적인 수준에 있으나, 도덕적 지도성에 대해 실증적인 연구를 할 수 있는 계기를 마련하였다. 이에 대한 연구의 예를 들면, <표 1>에서 제시된 Crag & Gustafson(1998)은 조직 지도자의 정직성을 측정하는 도구를 개발하였다. 그 도구의 신뢰도는 .83으로 높게 나타났다. 이 도구는 최대다수를 위한 최대의 선을 주장하는 공리주의에 기초하고, 4점 척도로 하여 31개 문항은 리더의 정직성에 대한 추종자들의 지각을 측정한다. 즉 31개 문항의 응답을 모두 합

산하여 점수의 정도에 따라 조직 지도자의 도덕성을 평가하는 것이다. 예를 들면, 총점을 124점으로 하여 31~35점은 매우 도덕적이고, 35~66점은 보통이며, 67~124점은 매우 부도덕한 것으로 지각하는 것이다. 도덕적 리더십을 측정하기를 주저하고 있는 사회 상황에서 이 도구의 개발은 지도자의 도덕성을 판단하는 준거를 마련하는 계기가 되었다는 점에서 그 의의가 크다.

그러나 이 도구는 단지 지도자의 도덕성을 지각하는 점수를 나타내는 것이어서 과연 정직성 개념만 가지고 도덕적 지도자의 다른 중요한 가치인 사명감, 책임감, 청렴성 등과 같은 자질 측면과 도덕적 판단 측면을 포괄하여 측정할 수 없다는 점을 지적받을 수 있는 단점이 있다. 따라서 문화에 따른 도덕성을 종합적으로 측정할 수 있는 보다 견고한 도덕성 측정도구 개발이 필요하다.

또한, 명제창(1998)은 우리 문화 특성을 고려하여 학교장의 도덕적 지도성 측정도구를 개발하였다. 그는 도덕적 지도성을 이원적 구조로 보고, 교장의 행동특성으로 지도자의 품성변인(청렴성, 사명감, 공정성, 책임감)과 지도자의 능력변인(권한부여, 비전제시), 추종자의 직무 수행변인(공동체 규범의 확립, 전문 직업적 이상, 내재적 만족, 동료의식)으로 나누었다. 전체 신뢰도 계수는 .96으로 비교적 높은 신뢰도를 나타냈다. 이 측정도구의 개발로 인하여 국내의 교육행정 분야에 도덕적 지도성에 대한 10편의 석사학위논문이 진행되었다.

그러나 이 도구는 도덕적 지도성에 대한 선행연구물에 대해 철저하고 정교하게 고찰하지 못하여 도덕적 지도성의 개념을 좀 더 객관화시키지 못한 단점을 가지고 있다고 본다. 왜냐하면 이 도구는 도덕적 지도성을 개념화시키는 과정에서 선행연구에서 제시하고 있는 정의적·인지적·행위적 시각에 대한 통합적인 혹은 논리적인 고찰을 하지 못한 채, 단지 Sergiovanni(1992)의 시각과 우리 역사적 지도자가 언급되고 있는 형이상학적인 개념을 혼합하여 도덕적 지도성을 개념화시켰다. 이러한 단점으로 인하여 그의 도구는 도덕적 판단 측면과 행위적 측면을 측정하지 못하는 단점을 가지고 있다. 따라서 도덕적 지도성 측정도구의 개발은 교육행정 문화에 적절하면서 보다 견고한 철학적 바탕하에 개념을 도출하는 정교한 노력이 요구된다. 특히 한국적 교육행정 문화의 특성을 분석하고 종합한 측정도구가 필요하다. 즉 학교급별, 성 차이, 연령 차이, 도시와 농촌 간의 차이, 사회문화의 인식 등을 면밀히 분석한 체계화된 이론과 철학을 바탕으로 한 측정도구를 개발하는 것이 바람직하다.

지금까지 살펴본 선행연구물의 주제별로 연구자, 연구대상, 연구방법, 연구내용, 연구결과, 출처 등을 정리하면 <표 1>과 같다. <표 1>에서 보는 바와 같이, 도덕적 지도성(도덕성) 연구자들은 초기의 질적 연구를 제외하고는 주로 개방형 설문지를 이용한 실증적인 연구방법을 사용하였다. 연구대상은 경영대학원 학생, 도덕적 리더십을 훈련한 졸업생, 전문가, 초중등 교사 등이다. 연구내용은 주제별로 요약해 보면 관리자에게 있어서 도덕성을 어떻게 인식하고 있는가와 도덕적 지도성 훈련을 받은 후의 효과에 대한 연구, 도덕적 행위 혹은 부도덕적 행위와 상황은 어떤 관계인가와 도덕적 의사결정과 상황은 어떤 관계가 있는가의 연구, 도덕적 지도성과 조직 효과성 또는 직무만족 사이에는 어떤 관계가 있는가의 연구, 도덕적 지도성의

측정도구 개발에 관한 연구 등으로 분류할 수 있다. 연구결과로 조
직의 지도자는 도덕성을 갖추고 있어야 한다는 점과 성공적인 지도
자는 도덕적 지도자라는 것, 도덕적 행위나 부도덕적 행위 그리고
도덕적 의사결정은 개인의 성격에 의해 좌우되기보다는 사회적인 상
황에 따라 나타난다는 것, 지도자가 도덕적 지도성을 발휘하면 조직
효과성이 높아진다는 것 등이다.

〈표 1〉연구 주제별 도덕적 지도성 논문 분석

연구 주제	연구자	연구대상	연구방법	연구내용	연구결과	출 처
지도자의 도덕성 또는 가치	Mortensen, et al(1989)	MBA과정의 대학원생들	설문지	관리자의 도덕성에 대한 인식 정도	관리자의 도덕성을 매우 중요한 능력으로 인식	Journal of Business Ethics
	Stevens (2001)	도덕적 리더십 훈련을 마친 졸업들	인터뷰	도덕적 리더십 훈련의 효과 여부	사회적으로 성공한 인간으로 성장	UMI(박사학위논문)
상황과 도덕적 지도성 관계	Jones & Kavanagh (1996)	경영학과 대학원생들	설문지	부도덕적 행위와 상황변인의 상호작용에 대한 영향관계	상황이 부도덕적 행위에 의미 있는 영향을 미침	Journal of Business Ethics
	Harrington (1997)	정보관리 전문가들	설문지	상황과 개인의 성격에 따른 도덕적 의사결정 성향	상황이 도덕적 의사결정에 의미 있는 영향을 미침	Journal of Business Ethics
도덕적 지도성 측정 도구 개발	Crag & Gustafson (1998)	대학생들	설문지	지도자의 정직성 측정도구 개발	조직 지도자의 정직성 측정 가능	Leadership Quarterly
	명제창(1998)	초등 및 중등교사들	설문지	학교조직의 도덕적 지도성 측정도구 개발	학교장의 도덕적 지도성 측정 가능	박사학위논문

연구 주제	연구자	연구대상	연구방법	연구내용	연구결과	출 처
도덕적 지도성과 효과성 관계	Vitell & Davis(1990)	정보관리 전문가들	설문지	도덕성과 직무만족의 관계	지도자의 높은 도덕성이 직무 만족을 높임	Journal of Business Ethics
	이정숙(2007)	초등교사들	설문지	도덕적 지도성과 헌신도의 관계	교장의 도덕적 지도성이 높으면 교사의 헌신도가 높음	석사학위논문
	김필녀(2003)	초등학교 교사들	설문지	초등학교장이 학교조직 효과성에 미치는 영향	학교장의 도덕성이 효과성에 긍정적인 영향을 미침	박사학위논문

5. 시사점

이미 서두에서 제시된 바와 같이 본 연구는 기존의 도덕적 지도성 연구물들의 동향을 고찰함으로써 향후 교육행정학의 도덕적 지도성 연구에 바람직한 연구 방향을 제시하는 데 그 목적을 두고 있다. 이 목적을 달성하기 위해 본 연구는 도덕적 지도성에 관련된 선행연구들을 공통된 주제로 분류하여 고찰하였다. 이 주제들에 대한 시사점을 얻기 위해 도덕이론의 관점에서 고찰해 보면 다음과 같다.

첫째, 선행연구들을 주제별로 분류한 지도자의 도덕성이나 개인적 가치를 중시하는 연구들은 일반 경영학에서 수행된 연구로서, 지도자의 자질적 관점에서 지도자의 도덕성을 강조하는 연구와 행위적 관점에서 봉사나 헌신을 강조하는 연구를 수행하였다. 그러나 자질적 관점에서 이루어진 연구들은 연구목적에 적절한 지도자의 도덕성이 무엇인가에 대한 구체적인 개념정립이 없고, 단순히 조직의 지도자는 도덕성에 대한 인식의 중요성과 도덕적 자질의 필요성만을 강조하는 연구들이었다. 예를 들면, 지도자의 도덕적 자질을 청렴성으로 볼 것인가, 아니면 정직성으로 볼 것인가에 대한 논리적 과정이 전혀 없는 실정이다.

둘째, 조직의 상황과 도덕성과의 관계 연구들은 기업조직에서 수행된 연구들로서, 행위적 관점에서 도덕적 행위와 부도덕적 행위가 개인의 성격과 상황이라는 변인들과 어떤 관계를 이루고 있는지를 고찰하였다. 그러나 무엇이 도덕적 행위이며 부도덕적 행위인가에 대한 개념정립 없이 사회적으로 이해되는 수준에서 수행되었다. 그리고 이 주제에 대한 연구는 모두 양적 연구로 이루어졌다. 도덕성이라는 개념이 가치문제라는 점을 생각한다면 질적 연구를 통해 도덕적 지도성의 실재를 파악하는 것도 필요하다.

셋째, 도덕적 지도성과 조직 효과성과의 관계 연구들은 학교조직과 일반조직에서 수행된 연구들로서, 자질적 관점에서 지도자의 도덕적 지도성이 조직의 효과성에 어떤 영향을 주는가를 고찰하였다. 여기서 지도자의 도덕적 지도성을 사명감, 책임감, 공정성, 청렴성 등으로 구체화하여 실증적인 연구를 하였다. 지도자의 도덕적 지도성이 조직구성원들에게 어떻게 영향을 주는가에 대한 결과를 알 수 있으므로 조직 지도자의 관리와 경영에 실제적인 자료로 활용할 수 있다. 보다 실제적인 연구가 되려면 질적 연구도 함께 수행되는 것이 필요하다.

넷째, 도덕적 지도성 측정도구 개발 연구들은 일반조직과 학교조직 지도자의 도덕성을 측정할 수 있는 의미 있는 계기를 마련하였다. 이 점은 도덕적 지도성 연구 발전의 기초를 다지는 데 중요한 역할을 할 것이다. 그러나 이 연구들은 도덕성의 개념을 문화적인 특수성을 고려하지 못한 단점과, 통합적인 시각에서 정립하지 못하고 편향적인 시각에서 정립되어서 일반화하기 어려운 한계를 지니고 있다.

이와 같이 도덕적 지도성에 대한 선행연구들의 고찰을 통해, 다음의 몇 가지 시사점은 향후 학교조직에서 도덕적 지도성을 연구하는 데 많은 도움을 줄 것이다.

첫째, 자질적 관점이나 행위적 관점의 연구들에서 공통적인 단점으로 나타난 바와 같이 도덕성에 대해 보다 철저한 논리적 개념 정의가 필요하다. 도덕적 지도성 연구의 핵심어인 '도덕성'의 개념이 불분명하다는 것은 도덕성의 개념이 모호하다는 것이기 때문에 철저한 연구가 되지 못한다. 따라서 도덕적 지도성에 대한 연구의 목적을 충실히 달성하기 위해서는 보다 엄밀한 개념정립이 요구된다.

둘째, 연구들이 도덕성의 개념을 정립할 때는 도덕이론에 근거한 준거를 분명히 하는 것이 필요하다. 예를 들면, 도덕성의 개념을 자질적 관점에서 수행할 것인지, 아니면 행위적 관점에서 수행할 것인지를 분명히 하는 것이 필요하다. 도덕이론에서는 이미 앞에서 제시된 바와 같이 많은 학자들이 도덕성을 자질적 관점, 추론적 관점, 행위적 관점으로 구분하여 도덕성을 기술하고 있기 때문이다.

셋째, 도덕적 지도성에 대한 추론적 관점의 연구가 필요하다. 선행연구에서는 이에 대한 연구가 거의 없다. 앞에서 제시된 바와 같이 조직의 지도자가 도덕적인 갈등이 있는 문제를 결정할 때는 합리적으로 도덕적 의사결정을 해야 한다. 이러한 과정이 도덕적 추론이다. 사실 요즈음 학교경영자는 일상의 학교조직에서 수많은 의사결정을 해야 하는데, 그중에서 도덕적 판단을 요구하는 문제가 많이 있다. 따라서 이에 대한 연구는 학교 현장에 있는 학교 관리자들의 경영에 실제적인 도움이 될 것이다.

넷째, 자질적 관점, 추론적 관점, 행위적 관점을 통합하는 도덕적 지도성에 대한 연구가 필요하다. 즉 세 가지 관점을 통합하는 도덕적 지도성의 개념이 필요하다. 선행연구들에서는 이 세 가지 관점이 분리되거나 구별 없이 연구가 수행되었는데, 인간 행위를 단순히 하나의 특정한 시각으로만 보기 어려운 점과 인간의 행위가 다차원적이라는 점을 고려한다면 도덕적 지도성의 개념을 통합적으로 보는 시각의 연구가 필요하다.

다섯째, 대부분의 선행연구들이 기업조직에서 이루어진 연구이므로, 기업조직과는 달리 학교조직에서는 어떤 결과가 나오는지를 연구해 볼 필요가 있다. 기업조직 문화와 학교조직 문화는 공통점도 있지만 다른 점도 있다. 일반 지도성 연구에서는 이 점에 대해 다른 문화가 존재함을 인정하고 있으므로 교육행정에서의 상황, 개념 등을 고려한 연구가 필요하다.

여섯째, 분석한 선행연구들의 연구방법 대부분은 기업조직을 대상으로 양적 연구가 수행되었으므로, 학교조직에서의 보다 다양한 양적 연구가 필요하다. 도덕성이라는 개념은 사실 계량화하기 어려운 가치의 문제라는 점을 감안한다면 양적 연구와 더불어 많은 질적 연구가 필요하다. 양적 연구를 통해서 도덕적 지도성의 실재를 확인할 수 없는 부분을 질적 연구를 통해 고찰할 수 있을 것이다. 또한 도덕적 지도성의 실재를 보다 심도 있게 이해하기 위해 질적 연구와 양적 연구를 함께 사용하는 연구방법도 매우 유용하다고 본다.

일곱째, 보다 한국교육행정 문화에 적절한 도덕적 지도성 측정도구 개발이 필요하다. 이미 개발된 도구들은 한국문화와 철학을 바탕으로 만들기 보다는 서양문화에 근거한 부분이 상당히 존재하고 있어 일반화하는 데 어려움이 있다.

참고문헌

김필녀(2003). 초등교장의 도덕적 지도성과 교사의 활력화가 학교조직의 효과성에 미치는 영향. 국민대학교 대학원 박사학위논문.

명제창(1998). 학교조직에서의 도덕적 지도성 측정에 관한 연구. 충남대학교 대학원 박사학위논문.

박병기·추병완(1996). **윤리학과 도덕**. 학술총서 78. 경기도 고양시: 인간사랑.

박진숙(1999). 교장의 윤리적 지도성의 개발. **교육행정학 연구**. 17(3), 251-274.

이정숙(2007). 초등교사가 지각한 학교장의 도덕적 지도성과 교사의 교직 헌신도와의 관계. 이화여자대학교교육대학원 석사학위논문.

Bass, B. M.(1998). *Transformational leadership: industrial, military, and educational impact.* Mahwah, NJ: Erlbaum.

Brabeck, Mary M.(1995). Morality: Thoughts about the past, thoughts about the puture. *Moral education porum,* 20(2), 3-7.

Calabrese, Raymond L.(1986). Ethical leadership: Prerequite for effectiveness schools. *NASSP Bulletin*(Dec).

Craig, S. Bartholomew. & Gustafson, Sigrid B.(1998). Perceived leader integrity scale: An instrument for assessing employee perceptions of leader integrity.: *Leadership Quarterly,* 9(2), 127-145.

Davis, Mark A., Johnson, N. B., & Ohmer, D. G.(1998). Issue-contingent effects on ethical decision making: A cross-cultural comparison. *Journal of Business Ethics,* 17, 373-389.

Eddings, Pauline Carr.(1995). *Moral leadership strategies for urban school improvement: A case study.* A dissertation presented to the faculty of the graduate school, Arizona State University, by UMI.

Greenleaf, R. K.(1970). *The servant as leader.* New centre, MA: Robert K. Greenleaf Center.

Greenleaf, R. K.(1977). *Servant leadership: A journey into the nature of legitimate power and greatness.* New York: Paulist.

Growe, Roslin.(1999). *Educational leaders as moral leaders: The value of virtue*(University of Louisiana, 1999, by ERIC ED: 455 570).

Harrington, Susan J.(1997). A test of a person－issue contingent model of ethical decision making in organizations. *Journal of Business Ethics* 16, 363－375.

Helen, Jordan.(1997). *Leadership wisdom: Balancing on the high wire* (Paper presented at the sixth annual international conference for community and technical college chairs, deans, and other organizational leaders. February 12－15, Reno, Nevada, by ERIC ED: 407 015).

Hodgkinson, C.(1991). *Educational leadership: The moral art.* N.Y.: State University of New York Press.

Jones, T. M.(1991). Ethical decision making by individuals in organizations: An issue－contingent model. *Academy of Management Review*, 16, 366－392.

Jones, Gwen E. & Kavanagh, Michael J.(1996). An experimental examination of the effects of Individual and situational factors on unethical behavioral intentions in the workplace. *Journal of Business Ethics* 15, 511－523.

Kohlberg, L.(1981). *The philosophy of moral development* Vol.1, New York: Harper Row.

Leithwood, K.(1994). *Developing expert leadership for future schools.* PA: Falmer Press, Taylor & Francis, Inc.(ERIC Document Reproduction Service No. ED 394 172).

Moor, Rock D.(1996), *Ethical responsibilities for leader in a pluralistic Society.* By ERIC ED: 396 385.

Mortensen, R. A., Smith, J. E. & Cavanagh, G. F.(1989). The importance of ethics to job performance: An empirical investigation of managers' perceptions. *Journal of Business Ethics,* 8, 253−260.

Northouse, Peter G.(2001), *Leadership: Theory and practice*(Sage Publications, Inc.).

Sapre, Padmakar M. and Ranade, Mridula D.(2001). Moral leadership in education: An indian perspective. International *Journal of Leadership in Education,* 4(4), 367−381.

Sergiovanni, Thomas J.(1992). *Moral leadership: Getting to the heart of school improvement*(SanFrancisco: Jossey−Bass Publishers).

Starratt, Robert J.(1991). Building an ethical school: A theory for practice in educational leadership. *Educational Administration Quarterly,* 27(2), 185−202.

Stevens, Cleveland Wilburn.(2001). *Moral leadership as transformational leadership: "Therapeutic values" as the backbone of a twenty− first century social ethic.* UMI.

Trevino, Linda Klebe.(1986). Ethical decision making in organizations: A person−situation interactionist model. *The academy of Management Review* 11(3), 601−617.

Vitell, Scott J. & Davis, D. L.(1990). The relationship between ethics and job satisfaction: An empirical investigation. *Journal of Business Ethics* 9, 489－494.

Wilcox, J. R. & Ebbs, S. L.(1993). *Ethical leadership: Successfully communicating institutional values.* Nacubo Business Officer(March), 37－39.

Yusof, A.(1999). *The relationship between transformational leadership behaviors of athletic directors and leadership substitutes variables with the job satisfaction of coaches* at NCAA division Ⅰ&Ⅲ institutions. Doctoral Dissertation, University of Connecticut.

학교 상황에 따라 학교장의 도덕적 지도성이 학교조직 효과성에 미치는 영향

제1장

서 론

1. 연구의 필요성

오늘날의 사회는 지도자의 자격에 대한 조건으로 능력뿐만 아니라 높은 도덕성을 요구하고 있다. 그 이유는 지도자의 도덕성이 사회 구성원들의 삶의 질에 많은 영향을 줄 수 있기 때문이다. 특히 21세기의 다변화 시대에 학교장은 학습자들의 다양한 욕구와 목적, 그리고 교사와 직원들의 다양한 요구를 해결해야 하는 어려운 상황에 놓여 있다. 구성원들의 다양하고도 상이한 가치들이 상존하는 학교 현장에서 학교장에게 요구되는 지도력의 덕목 가운데 하나가 바로 윤리적 책임의식과 가치의 확립이라 할 수 있다. 왜냐하면, 조직에 대한 지도자의 가치는 조직 전체에 큰 영향을 줄 수 있을 뿐만 아니라(Carlson & Perrewe, 1995; Schminke et al., 1997; Trevino, 1986), 지도자가 도덕적 행위를 발휘할 때 문제해결력이 증진되고(Timperley

& Robinson, 1998; Law et al., 2003), 조직의 효과성을 확보할 수 있기 때문이다(Calabrese, 1986; Henderson, 1998).

다른 조직의 리더와는 달리 학교장은 교육 경영자로서 어떤 시각으로 학생들을 대할 것이며, 어떤 교육이념을 바탕으로 교수–학습의 활동이 이루어져야 하는가에 대한 확고한 신념을 갖고 있어야 한다. 또한 교육행정가로서 어떤 가정(假定)을 바탕으로 교사와 직원들을 바라보며, 어떤 가치에 중점을 두고 학교를 운영할 것인가를 설정해야 한다. 학교장은 학생들에게는 훌륭한 학습의 조건을 제공하고 교직원들에게는 학교의 목적에 부합되는 지원과 협조, 통제와 지시 등을 적절히 행사해야 하는 도덕적 의무를 지는 사람이다(Greenfield, 1995).

이렇게 학교장의 지도성에 있어서 도덕성이 중요한 요인임에도 불구하고, 지금까지 진행되어 온 학교장의 지도성에 관한 연구의 대부분은 지도성이 옳게 행해졌는가 하는 가치 중심적인 문제를 도외시하였다(Beck & Murphy, 1994). 기존의 교육행정이론들은 지나치게 합리성과 능률성을 추구한 나머지 조직 중심적 차원(nomothetic dimension)에 관한 연구에 중점을 두고, 실증적 검증을 요구하는 가설 연역적 접근에 집중되어 왔다. 그 결과, 조직 내 개인의 독특한 측면(idiographic dimension)인 도덕적(윤리적)·가치적 접근은 무시되는 경향이었다.

지도성에 관한 종래의 문헌들은 행정가의 풍부한 지식과 유능한 기술적 능력이 지도성을 성공적으로 발휘할 수 있게 하였다는 확실한 경험적 증거는 제시하지 못하였다(Sergiovanni, 1992; Stogdill,

1974). 이러한 시각에서 기존의 지도성 연구는 지도자가 갖추어야 할 자질과 능력의 측면에서 매우 벗어나 있다는 비판(Bennis & Nanus, 1985)과 지나친 심리학적 고찰이라는 비판(Hodgkinson, 1983; Sergiovanni, 1992)이 대두되었다.

Sergiovanni(1992: 3)는 종래의 지도성 연구를 실패로 단정하고, 그 실패 원인을 지도성을 이해함에 있어 도덕적 권위를 너무 무시하고 관료적, 심리적, 기술-합리적 권위를 주로 강조했기 때문이라고 지적하였다. 그는 이에 대한 새로운 대안적 지도성 연구로 학교 지도자는 구성원들을 통합하는 공동체의 가치와 이상을 확립하고, 구성원들을 자기 관리자가 되도록 하여 지도자의 기질이 덕(virtue)과 능력으로 나타나도록 하는 도덕적 지도성을 분석대상으로 해야 한다고 주장하였다. 특히 다양한 가치가 혼합되어 복잡해진 오늘날에는, 리더십이 있는 사람이든지 리더십이 없는 사람이든지 간에 가장 중요하고 가장 혼돈되는 논쟁은 무엇이 윤리적 쟁점에 적절한가를 판단하는 것이기 때문에, 윤리의 영역은 리더십 연구의 핵심이라 할 수 있다(Ciulla, 1998).

조직연구에서, 도덕적 지도성에 대한 연구의 중요성이 제기되면서 지금까지 수행된 연구물들은 ① 지도자의 도덕성이나 개인적 가치를 중시하는 연구, ② 개인의 성격과 상황의 상호작용의 결과로 나타나는 도덕적 또는 비도덕적 행동에 관한 연구, ③ 도덕적 지도성과 조직 효과성과의 관계에 관한 연구 등 크게 세 가지로 구분할 수 있을 것이다. 이와 같은 구분은 연구자의 분석에 의한 것이지만, 지도성 이론의 일반적인 경향과도 유사하다고 볼 수 있다. 즉 지도성에 관한 초기 연구가 지도자의 개인적 특성에 초점을 두었다가 점차 그 특성과 행동의 관계를 분석하고, 이후에는 지도성의 효과성을 묻는 단계로 발전하였다면 도덕적 지도성을 주제로 한 연구도 이와 유사한 경향을 보이는 것으로 해석된다. 이에 대한 선행연구들의 내용을 살펴보면 첫째, 지도자의 도덕성과 관련한 초기 연구들은 지도자 개인의 도덕성, 신념, 가치 등이 조직 전체에 영향을 주는 중요한 요소임을 강조하는 연구들이었다(Eddings, 1995; Moor, 1996; Helen, 1997; Calabrese, 1986; Sapre & Ranade, 2001).

그러나 이러한 연구자들의 관심은 주로 조직 지도자의 개인적인 가치나 도덕의 중요성을 강조하는 단편적인 연구들이었다. 이러한 범주의 연구들은 도덕적 지도성의 개념을 정립하지 않은 채, 사회적으로 용인되는 도덕의 개념을 도덕적 지도성으로 사용한 가설적인 연구들이어서 다른 개념과는 어떤 상관관계와 영향이 있는지를 살펴볼 수 있는 실증적인 자료가 되지 못하는 한계점을 가지고 있다.

조직의 도덕적 지도성에 관한 연구의 둘째 커다란 흐름은 경영학 분야에서 조직의 가치문제에 대한 인식이 점차적으로 높아지면서 지도자의 도덕적 행위(도덕적 판단과 도덕적 의도)는 지도자 개인의 성격변인(규칙지향과 책임회피, 개인의 환경, 도덕적 발달 수준 등)과 조직의 문제-상황적 요인(조직문화, 작업경험의 질, 동료의 영향, 사회적 여론, 결과의 심각성 등)이 상호작용하여 나타난다는 모델을 검증하는 연구들이었다(Jones, 1991; Trevino, 1986; Jones & Kavanagh, 1996; Davis, John, & Ohmer, 1998). 이러한 연구들의 결과에서 나타난 개인의 도덕적 혹은 비도덕적 행위는 개인적 요인과 상황적 요인이 서로 상호작용을 한 결과라는 것이다. 예를 들면, 규칙을 지향하는 성격의 소유자는 전적으로 도덕적 행동을 하고, 책임을 회피하는 성격의 소유자는 전적으로 비도덕적인 행동을 하는 것이 아니라 행동을 하기 전에 행위자는 먼저, 상황(예를 들면, 법이나 규칙에 비추어 보아 바람직한가의 여부, 사회적 여론, 그리고 그 행동결과에 따른 심각성의 정도 등의 상황)의 형편을 살피고, 그 다음에 자신의 성격에 따라 도덕적 행동이나 비도덕적 행동을 한다는 것이다(Harrington, 1997). 즉 도덕적·비도덕적 행동의 결과는 개인의 성격과 사회적 상황이 상호 결합된 결과라는 것이다.

그러나 이 연구들은 학교조직이 아닌, 일반조직 지도자의 도덕적 혹은 비도덕적 행위의 결과가 기업조직의 상황과 어떤 상관관계가 있는지를 살펴보는 연구들이어서, 학교장의 도덕적 행위가 학교의 상황과는 어떤 관계가 있는지를 분석하는 데 적용하기에는 맥락상 차이가 크다고 볼 수 있다.

셋째, 학교장의 도덕적 지도성과 학교조직 효과성과의 관계를 규명하려는 연구물들은 학교장의 도덕적 지도성이 학교조직 효과성에 긍정적인 영향을 준다는 실증적인 결과들을 보고하고 있다(1998; 이경옥, 2001; 최흥규, 2001; 이장우, 2000; 김필녀, 2003). 그러나 이러한 부류의 선행연구물들은, 지도성 연구에서 상황적 조건을 고려하여 지도성 효과를 연구하는 것이 매우 중요함에도(Bass, 1998; Leithwood, 1994; Yusof, 1999) 불구하고, 학교 지도자의 도덕적 지도성 연구가 학교조직의 상황을 고려한 학교조직의 효과성 연구로 발전되지 못하는 한계를 보여주었다.

도덕적 지도성과 유사한 특성을 가진 카리스마적 지도성과 변혁적 지도성을 통해서 지도성과 조직의 상황의 관계가 얼마나 중요한가를 살펴볼 수 있을 것이다. 카리스마적 지도성은 추종자들에게 비전제시, 사회적 또는 집단적 정체감 개발, 가치적 행동, 자기효능감 등을 높이는 데 큰 영향을 준다. 특히 카리스마적 지도성의 출현과 효과는 상황적 맥락에 의해 촉진되고 억제된다(Hoy & Miskel, 2001). 예를 들면, 취약한 상황에서 조직은 구조화되어 있지 못하고 모호하여 카리스마적 지도성의 출현과 효과를 높일 수 있다. 반대로 강력한 상황에서는 조직이 구조화되어 있고 선명하여 카리스마적 지도성이 억제된다. 따라서 조직의 상황적 힘을 무시하는 것보다는 상황적 힘을 고려하는 것이 카리스마적 지도성 이론의 효능을 증가시킨다.

변혁적 지도성은 지도자의 가치와 신념에 근거를 둔다. 상황은 덜 강조하면서 자기이익을 초월한 조직의 목적을 위해 헌신하는 지도성이다(Hoy & Miskel, 2001). 그러므로 Bass(1997)는 변혁적 지도성이 모든 상황과 문화를 초월하여 절대적인 효과를 발휘하는 이론이며, 위기상황에서 변혁적 지도성의 효과를 극대화시킨다고 주장하였다.

그러나 Bass(1998)는 성공적인 변혁적 지도성의 효과를 얻기 위해서는 환경, 과업과 목적, 추종자와 지도자 간의 권력분배 등의 상황적 조건들이 고려되어야 한다는 연구결과를 다시 주장하였다. 이와 같은 그의 번복된 주장은 아무리 탁월한 지도성도 조직의 맥락요인인 상황을 무시하고서는 조직의 효과성을 증대시킬 수 없다는 점을 예증하는 것이라고 본다. 그 예로, 기업조직의 변혁적 지도성 효과는 어느 정도 긍정적인 결과를 보이고 있으나, 학교조직에서는 그 효과의 결과가 일관성을 가지지 못하고 있다(Leithwood, 1994). 그것은 기업조직의 상하관계와 학교조직의 상하관계가 다르기 때문이다. 즉 학교조직의 교사들은 전문성을 확보하기 위한 노력과 내적 동기가 어느 정도 이미 충족되어 있는 나름의 상황을 가지고 있기 때문에 학교조직에서는 다른 결과가 나올 수 있다.

Yukl(1994)도 카리스마적 지도성과 변혁적 지도성이 광범위한 적용범위를 가지나 두 지도성을 제한하거나 촉진하는 상황적 변인들을 강조하지 못하고 있다는 약점을 지적하였다. 이러한 점에서 종래의 지도성과 효과성 관계에 대한 수많은 실증적 자료들이 리더십에 대한 통합적인 이해를 제공하지 못한 것은(Bass, 1981), 조직에 있어 상황의 중요성을 소홀히 했기 때문일 것이다. 조직에서 상황을 무시하게 되면 전체 맥락의 단절성을 갖게 되는 오류를 범하게 되어 적절한 지도성을 발휘할 수 없다(오경종, 1986). 그러므로 지도성의 이해는 지도자의 개인적 요인과 상황적 요인의 상호작용에 대한 이해가 이루어져야 한다(Sternberg & Victor, 2002).

특히, 기업조직에서 이루어진 도덕성에 대한 선행연구에서는 개인과 상황이 상호작용하여 도덕적 또는 비도덕적 행위에 영향을 준다는 결과와 영향을 주지 못한다는 결과(Harrington, 1997)가 혼재하여 연구결과의 일관성을 찾기 어렵다. 따라서 도덕적 지도성과 조직 효과성의 관계를 연구함에 있어서도 카리스마적 지도성이나 변혁적 지도성과 마찬가지로 상황적 맥락이 고려되어야 할 것이다.

위의 내용을 종합하여 살펴보면 학교장의 도덕적 지도성이 학교의 전반적인 운영, 구성원들의 가치와 생활양식 그리고 학교조직 효과성에 영향을 주는 원인요인이 된다는 것을 알 수 있다. 또한 학교조직 효과성의 결과가 학교조직 상황에 의해서 달라질 수 있을 것이라는 가정(假定)을 할 수 있다. 따라서 학교의 상황에 따라 학교장의 도덕적 지도성이 학교조직 효과성에 어떤 영향을 미치는지를 실증적으로 규명할 필요가 있다.

2. 연구의 목적

본 연구는 학교조직의 상황(조절변인)에 따라 학교장의 도덕적 지도성(독립변인)이 학교조직 효과성(종속변인)에 어떠한 영향을 미치는지를 실증적으로 규명하는 데 목적을 두었다. 구체적으로 본 연구가 밝히려는 문제는 다음과 같다.

연구문제1. 교사의 특성(성별, 교직경력별)과 학교의 특성(학교설립 유형별, 학교급별)에 따라 학교장의 도덕적 지도성과 학교조직의 효과성(교사의 직무성과와 교사의 헌신성)은 각각 어떤 차이가 있는가?

연구문제2. 학교장의 도덕적 지도성·학교조직의 상황·학교조직 효과성은 어떤 상관관계가 있는가?

연구문제3. 학교의 상황에 따라 학교장의 도덕적 지도성이 학교조직 효과성에 어떠한 영향을 주는가?

제2장

이론적 배경

본 연구의 목적은 학교 상황에 따라 학교장의 도덕적 지도성이 학교조직 효과성에 미치는 영향을 분석하는 데 있다. 이러한 연구목적의 문헌적 토대로서, 제2장에서는 학교장의 도덕적 지도성, 학교의 상황, 학교조직 효과성으로서의 교사의 효과성(직무성과와 헌신성), 그리고 관련 개념 간의 관계를 중심으로 고찰하였다.

1. 학교장의 도덕적 지도성

1) 도덕이론

도덕은 사전적 의미로 사람으로서 마땅히 지켜야 할 도리 및 그것을 자각하여 실천하는 행위의 총체이다(이기문, 1994). 윤리는 사람이 지켜야 할 도리와 규범, 곧 도덕의 원리이다(이기문, 1994: 1593). 서양에서 도덕은 풍속의 의미를 가진 moralis는 mores라는 라틴어에서 유래하여 moral이 되었다. 윤리는 아리스토텔레스가 사용한 ethos에서 유래하여 ethical이 되었으며, 사회의 풍속, 관습의 뜻이었으나 후에 품성이라는 의미로 쓰이게 되었다. 즉 윤리의 개념은 개인이나 사회가 바람직하고 적절하다고 보는 가치나 도덕성과 관계한다. 도덕과 윤리의 의미는 혼용해서 쓰기도 하고 구별해서 쓰기도 하나, 도덕은 인류의 보편적 양심에 바탕을 둔 실천적 인간 행위이며, 윤리는 이론적 측면의 인간 행위를 말한다.

또한, 도덕은 개인의 덕성 또는 도덕적 인격에 관계되는 개념으로 쓰이고, 윤리는 한 집단 사회의 윤리적 기준 또는 어떤 직업이나 직책에 관련된 도덕문제에 해당하는 것으로 이해될 수 있을 것이다(소홍렬, 1989). 즉 도덕은 사회를 이루어 살고 있는 인간이 그들의 자연적·사회적·인간적 요구와 욕망을 조화롭게 충족시키기 위하여 지켜야 할 행위의 규범이다. 인간의 행위는 이러한 규범에 의해 선악정사(善惡正邪)를 판단할 수 있을 것이다. 뿐만 아니라 도덕은 관습, 풍속, 법률 등과 함께 인간 행위를 통제하기도 한다(서울대학교 교육연구소 편, 1994).

풍속과 법률이 인간의 행위를 외적으로 통제하는 데 비해, 관습과 도덕은 인간 행위를 내적으로 통제한다는 점에서 관습과 도덕은 유사하다고 볼 수 있으나, 관습은 사회에 따라 특수하게 굳어진 행동 및 사고방식의 총체라고도 할 수 있다. 그러나 도덕은 관습 중에서도 개인이 아닌 다른 사람들과의 관계에 관한 부분이라고 할 수 있다. 이런 점에서 인간이 혼자서 사는 곳에는 도덕이라는 개념이 존재하지 않을 수 있다. 따라서 도덕은 다른 사람들과의 관계를 떠나서는 존재할 수 없다.

도덕을 한마디로 정의하기는 어렵다. 특히 도덕은 한 사회가 가지고 있는 하나의 보편적인 가치양식이므로 그 보편적인 양식은 사람, 시대, 문화 등에 따라 달라질 수도 있을 것이다. 그러나 도덕은 한 사회가 가지고 있는 보편적 양심에서 비롯되는 규범적·실천적 행위라고 이해하는 데는 무리가 없을 것이다. 따라서 도덕은 사회 속에서 살아가는 인간의 보편적 행위 규범이다.

그렇다면 도덕은 어떤 측면에서 전개되어야만 하는가? 이는 도덕을 어떤 시각으로 볼 것인가 하는 도덕이론의 문제라고 할 수 있다. 도덕이론은 특정한 상황에서 무엇이 옳고 그른지 또 무엇이 좋고 나쁜지를 판단하는 데 지침이 되는 법칙과 원칙의 체계를 제공해 줄 수 있다.

도덕이론은 리더십과 관련하여 리더가 어떻게 행동해야 하며, 어떻게 도덕적인 판단을 해야 하며, 누가 리더가 되어야 하는가와 관련된다. 경영원리 연구에서 도덕을 자질론적 관점, 행위적 관점, 정의론적 관점, 행위적 관점 및 자질론적 관점을 결합한 혼합적 관점, 인지적 관점 등을 견지하고 있으나, 자질적 관점 및 행위적 관점이 도덕이론으로 많이 활용된다(Northouse, 2001). 그러나 이러한 시각은 대부분 경영연구의 원리에서 사용하고 있으나, 그 이론들이 체계적으로 확립되지 못한 실정에 있다. 따라서 본 연구에서는 기존의 도덕이론에 대한 연구 학자들의 단편적인 시각을 종합하여 ① 도덕적 리더는 어떤 가치를 가진 사람인가에 중심을 두는 정의적 관점

② 리더의 도덕적 판단은 어떻게 해야 하는지에 중심을 두는 인지적 관점 ③ 리더의 도덕적 행위는 어떤 행위인가에 중심을 두는 행위적 관점 등으로 대별하여 도덕이론을 살펴보기로 하겠다.

본 연구자가 이러한 분류법을 사용하는 것은 기존의 도덕이론에 대한 시각들을 보다 체계화하면서, 통합적 관점을 모색하는 데 있어서 훨씬 용이한 분석적 도구라고 생각하기 때문이다. 여기서는 이 세 가지 관점들을 통하여 도덕적 지도성의 이론적 기저를 구체화하기로 한다.

그러나 이러한 분류법은 어디까지나 각각의 이론들이 주안점으로 내세우고 있는 관점에 따른 연구자의 편의상의 분류이다. 예를 들면, 인지적 관점에 분류된 이론이라고 해서 전적으로 인지적 관점만을 강조하고 있는 이론은 아니라는 것이다. 그것은 정의적, 행위적 관점에 비해 인지적 관점에 상대적으로 보다 많은 강조점이 주어져 있다는 것에 불과하다. 그럼 먼저 정의적 관점에 대해 살펴보기로 한다.

자질적 관점 이 관점은 도덕적 지도자에 대한 시각을 자질(자질론)이나 덕성 또는 품성(덕성론)으로 보는 시각이다. 즉 도덕적 리더란 어떤 사람이어야 하는가에 초점을 두고 있다. 이는 어떤 가치를 가지고 있어야 도덕적 자질이 있는 리더인가에 대한 문제이기도 하다.

그렇다면 지도자에게 있어 가치란 어떤 의미가 있는가? 이에 대해, Sergiovanni(1992: 9)는 "가치는 행정가의 세계관을 구성하고, 지도성 실재를 결정하는 데 있어 중요한 역할을 한다."고 하면서, 지도성을 지도자의 심장, 머리, 손에 비유하여 <그림Ⅱ-1>과 같이 제시하였다.

출처: Sergiovanni.(1992). Moral Leadership: Getting to The Heart of School Improvement(San Francisco: Jossey-Bass Publishers), p.8.

〈그림 Ⅱ-1〉Sergiovanni의 지도성 성향[2]

심장(heart)은 지도자의 가치와 신념을, 머리(head)는 지도자의 세계관을, 손(hand)은 지도자의 결정, 행위, 행동 등으로 비유하였다. 지도성 행동은 환경에 따라 달라질 수 있으므로 지도성 행동만으로는 무엇이 지도성인지를 설명하기 어렵기 때문에 가치와 세계관에 대한 이해가 필요하다는 것이다. 즉 심장은 가치, 신념, 이상 등을 나타내는 지도자의 내적 가치이며 비전이고, 머리는 지도자가 시간의 흐름에 따라 계발하는 세계관과, 실제에 관한 이론을 감안해서 지도자가 직면하는 상황을 반성하는 능력에 관련되고, 지도자의 가치와 비전이 결합된 반성은 지도성 전략과 행위에 기초가 된다는 것이다.

머리는 심장에 의해 형성되고 손에 의해 추진되는 보완적이고 순환적 관계를 유지한다. 이렇게 볼 때, 성공적인 지도자가 되기 위해서는 심장, 머리, 손이 서로 분리되어 생각하고 행동하는 것이 아니라 가치, 세계관, 결정 또는 행위가 변화하고 조화를 이루도록 노력해야 한다.

---

2) 이 모형을 Sergiovanni는 제목 없이 제시하였으나, 이 모형이 지도자의 가치를 강조하고 있다는 점을 고려하여 본 연구자가 임의로 붙인 것임.

조직의 지도자가 조직의 방향을 갖는다는 것은 조직이 무엇을 할 것인가에 대한 목표를 설정하는 것이다. 즉 조직의 기본적인 틀이나 기초를 세우는 일이다. 이것은 지도자의 세계관이나 가치, 신념 등에서 나온다. 지도자의 가치관이 형성되면, 다음에는 이것을 실행하는 방법이 강구되고, 그 다음에는 행동으로 실행한다. 그러므로 조직의 지도자가 조직의 목표를 설정하기 위해서는 가치의 중요성에 대한 인식이 선행되어야 한다. 사실 교육행정 기능의 문제도 단순히 조직구조의 변경을 통해서 해결될 사항이 아니다. 인간의 의식전환이 선행되지 않은 상태에서의 조직구조의 변경은 실패할 수밖에 없다(신현석, 2000).

그러면 도덕적 지도자의 가치의 내용은 무엇인가? 그것은 지도자가 어떤 가치를 가지고 있어야 도덕적 지도자라고 하느냐 하는 것이다. 즉 도덕적 자질의 문제이다.

Cherrington과 Cherrington(2000)은 도덕적 자질이 있는 사람의 기본적인 특성을 덕 있는 사람으로 보았다. 덕 있는 사람이란 늘 자신이 어떻게 다른 사람을 보살피고, 사회를 위해 봉사할 것인가의 태도를 가진다는 것이다. 그래서 덕 있는 사람의 행동은 다른 사람에게 도움을 주고자 하는 동기에서 비롯된다. 그러므로 덕 있는 사람은 타인에게 항상 친절하게 대하고, 삶을 타인들과 함께 공유한다는 것이다.

또한, 덕 있는 사람은 내면화된 책임과 타인의 복리를 위한 도덕적 관심을 가지며, 다른 사람들에게 봉사하는 것에서 진실한 만족을 발견하고, 이타적인 행동과 동정을 통해 진실한 감정을 가진다는 것이다. 게다가 도움이 필요한 사람들에게 그들의 시간과 자원을 기꺼이 헌신하며, 배려한다는 것이다. 그러므로 덕 있는 사람의 행동 특

성은 동정, 친절, 공유 등으로 나타난다. 두 연구자는 도덕의 성격을
<그림Ⅱ-2>과 같이 제시하였다.

결국, 두 연구자는 도덕적 자질의 특성을 덕(virtue)으로 제시하면
서, 지도자의 덕이란 하위자들에게 진실한 동정을 하고, 항상 친절하
게 대하며, 하위자들과 삶을 함께 공유하는 정의적 품성으로 보았다.

그러나 두 연구자는 덕의 성격을 제시하면서, 덕의 특성으로 나타
나는 동정, 공유, 친절은 타인에게 도움이 되기 때문에 그런 행동을
하고, 거기에서 삶의 의미를 찾는다고 하였지만, 이는 인간의 인지적
인 과정이 너무 무시된 것으로 보인다. 왜냐하면 인간의 행동은 이
타적이기도 하지만 이성적 특성을 가지고 있기 때문이다. 또한 도덕
을 어떻게 이해할 것인가를 생각해 보면, 두 연구자의 관점은 종합
적이지 못한 약점을 가지고 있다.

	비도덕적인	도덕적인	덕 있는
태 도:	그것이 나에게 무슨 이익이 있는가?	무엇이 동등하고 공정한가?	내가 어떻게 다른 사람에게 봉사하고 사회에 공헌하는가?
동 기:	타산: 이기적이고 좋은 것에 대한 욕망	정의: 규칙을 만들고 순종이 당연	자비: 다른 사람에게 도움이 되고 도움을 제공하는 것을 수용
행 동:	거짓, 도둑질, 부정	정직과 공정	동정, 친절, 공유

출처: Cherrington & Cherrington(2000). Moral Leadership and Ethical Decision
　　　Making. Utah: CHC Forecast, Inc, p.5.

〈그림 Ⅱ-2〉성격의 연속체

Northouse(2001)는 도덕적 지도자를 선하고 가치 있는 인간이라고 하면서, 사람들이 선한 가치(덕성)를 학습하고 발전시킬 수도 있지만, 이러한 덕성들은 개인의 성향(기질) 속에 내재한다고 하였다. 즉 어려서부터 어른이 될 때까지 덕성을 익히게 되면 시간이 지남에 따라, 사람들은 그동안 익힌 좋은 가치(덕성)들이 습관화되어 자신의 한 부분으로 내면화된다는 것이다. 결국, 선한 가치를 가진 사람이 도덕적 지도자임을 강조하였다. 그러나 그는 선한 내적 가치가 어떻게 도덕적 지도성으로 발휘되는지에 대한 설명을 하지 않았으며, 그 내용이 무엇인지도 구체적으로 밝히지 않았다.

아리스토텔레스는 지도자의 자질로 용기, 절제, 관용, 자제, 정직, 사교성, 겸양, 공정, 그리고 정의 등을(Velasquez, 1992) 제시하였는데, 이것들을 다시 지도자의 개인적 측면의 가치로 용기, 겸양, 관용 등을, 사회적 측면의 가치로 정직, 사교, 겸양 등을, 금욕적 측면의 가치로 절제와 금욕으로 나누어 이해할 수 있을 것이다. 이는 지도자를 종합적인 품성을 가진 인격자로 보는 입장이다. 그러나 인간은 어떤 문제에 대해 먼저 생각하고, 판단하고, 그 다음에는 행동을 하는 것이 일반적인 모습일 것이다. 도덕적 행위도 이와 같은 과정을 거쳐서 나타날 것이다. 그러므로 도덕적 품성도 그 자체로서의 의미보다는 일련의 思考의 과정을 통해 행동으로 나타나는 합리적 품성이 되어야 한다는 점에서 볼 때, 그는 도덕적 판단의 측면을 무시하고 자질적 측면을 지나치게 확대하여 제시하였다.

명제창(1998)과 김필녀(2003)도 학교장의 도덕적 지도성에 관한 연구에서 도덕적 자질 측면을 사명감, 책임감, 공정성, 청렴성 등이 조직의 효과성으로 나타난다고 하면서 사회적 공인으로서의 도덕적 가치를 강조하였다. 즉 일반적인 능력보다는 지도자의 인품인 선한 가치를 지도자의 자질로 보았다. 그러나 도덕적 지도자의 도덕적 판단 측면은 무시되고 자질 측면을 지나치게 확대하여 사회적 공인으로서의 가치에 중점을 두고 있다. 조직의 지도자는 개인이면서 동시에 사회인이라는 점에서 볼 때, 도덕적 지도자의 덕성은 인격자로서 개인적 가치와 사회적 가치가 합리적으로 결합된 의미로 이해되어야 할 것이다.

요컨대, 정의적 관점에서 도덕적 지도자의 자질이란 하위자들을 위한 내적·외적인 선한 가치가 내면화되어 정의적으로 나타나는 품성이라 할 수 있다. 이에 대한 구성내용으로는 동정, 친절, 공유, 정직, 관용, 절제, 용기, 사명감, 청렴성, 책임감, 공정성 등 다양하다.

지도자의 도덕적 특성을 정의적 관점에서 볼 때, 학교장의 도덕적 지도성은 학교장이 다양한 도덕적 품성을 소유함으로써 학교조직을 효과적으로 이끌어 가는 지도력이라 할 수 있다. 그러므로 학교조직의 도덕적 지도성은 지도자의 품성이 조직의 효과성으로 이어지는 차원 높은 지도성이다.

추론적 관점 이 관점은 가치갈등이 되는 도덕적 문제를 어떻게 도덕적으로 판단하거나 결정할 것인가에 대한 시각이다. 즉 인지적 관점은 도덕적 문제에 대해 상이한 가치들이 갈등을 하게 될 때, 도덕적 추론을 통하여 합리적인 결정을 하는 데 근거를 제공해 준다.

도덕적 추론은 도덕적 판단의 과정으로서 도덕적인 문제에 대하여 합리적으로 논의하는 것이며, 과학적인 문제나 법적인 문제에 대한 추론들과도 관련이 있다(박병기·추병완, 1996: 91). 이는 논리적 추론의 원칙을 말한다. 다시 말하면, 도덕적 추론이란 무엇이 옳고 그르며 좋고 나쁜지를 이성적으로 받아들일 수 있는 훌륭한 이유에 기초하여 도덕적 결정을 하는 것이다(Kohlberg, 1981). 특히 도덕적 판단을 하는 데 인지적인 과정이 필요한 것은 도덕적인 문제들은 고립되어 해결될 수 있는 성질의 것이 아니기 때문이다. 즉, 인간은 무엇이 옳고 그른 것인지를 결정하기 위하여 일반적으로 인간가치에 대한 하나의 입장이 필요하다. 따라서 도덕적 추론을 하기 위해서는 왜 인간은 도덕적이어야만 하는가, 도덕성은 사회적 인습이나 자기이익으로부터 어떻게 구별할 수 있는가, 도덕성이란 무엇인가와 같은 메타 윤리적 질문을 통하여 가치를 반성하고 숙고하여 기본적인 인간의 가치를 발견해 내고자 하는 노력이 필요하다.

그렇다면 도덕적 추론을 하기 위한 방식은 무엇인가? 그 방식의 하나인 반성적 체계에 대해 Beck(1981)은 세 가지 요소를 포함시키고 있다. (1) 기본적인 인간가치의 확인 및 정선, (2) 기본적인 가치들에 관계된 구체적이고 즉각적인 가치들의 확인 및 정선, (3) 가치탐구를 통하여 설정된 가치들로부터 유도된 정서, 태도, 행동유형의 발달. 그는 이러한 과정을 통하여 반성적 체계를 확고히 하여 도덕적 추론이 보다 세련되고 성숙될 것이라고 하였다.

다른 도덕적 추론의 방식은 가치분석이라 할 수 있다. 가치분석은 가치를 체계화하기 위한 합리적인 접근이다. 가치분석은 대개 공공정책이나 사회적인 가치문제들에 대한 입장을 해결하기 위하여 적용되며, 특히 명백하게 도덕적인 문제에 초점을 두고 있는 것은 아니지만, 가치분석의 옹호자들은 도덕적 진술이 사실적인 진술이 될 수 있으며, 나아가 경험적 연구의 대상이 될 수 있다고 하였다(박병기 외, 1996: 99-100).

또한, 가치분석은 가치기준과 가치원칙을 명백하게 구별하고 있다. 가치기준은 가치를 어떤 일련의 조건들로 간주하는 것이다. 예를 들면, '살인을 하는 것은 잘못된 것이고, 약속을 지키는 것은 좋은 것이다'와 같이 가치의 기준이 어떤 조건에 의해 정해진 경우이다. 그러나 가치기준을 일일이 구체적으로 마련하는 과정이 매우 복잡하고 단순하지 않은 단점이 있으나 가치갈등을 해결하는 준거가 되는 장점이 있다.

그렇다면 가치기준을 준거로 하여 주어진 갈등상황에서 어떻게 가치의 개념을 타당화하고, 정당화하고, 결정하고, 중요한 순서를 정할 수 있는가? 이는 조직의 도덕적인 가치의 갈등을 리더가 어떻게 해결할 것인가의 문제이기도 하다. 이에 대하여, Hodgkinson(1991: 97)은 교육행정은 기술공학적인 정교함보다는 예측적인 설명력과 인간 의지와 선택, 책임감 등의 가치문제를 다루어야 함을 주장하면서, 개인적 차원(idiographic dimension)과 조직 중심적 차원(nomothetic dimension)에서 발생하는 다양한 가치갈등에 대한 분류를 의무론적 차원(옳음의 영역)과 가치론적 차원(좋음의 영역)으로 나누어서 다음의 <그림Ⅱ-3>과 같이 제시하였다.

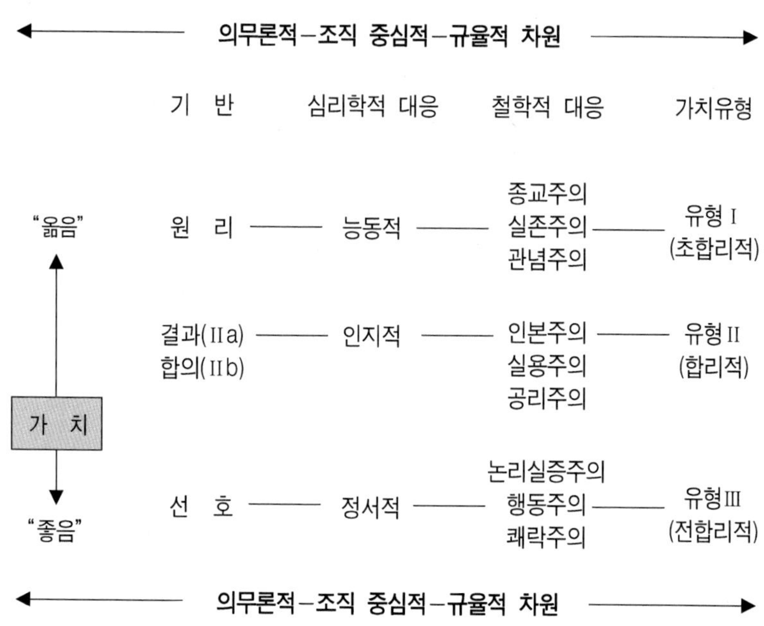

출처: Hodgkinson, C.(1991). Educational Leadership: The Moral Art. Albany: State University of New York Press, p.97.

〈그림 II-3〉가치개념의 분석적 모형

위 <그림 II-3>의 가치유형에서 초합리적>합리적>전합리적(subrational) 유형이 위계구조를 가지며, '옳음(right)'은 바람직하고, 의무론적이며, 알맞고, 도덕적이고, 당위적인 측면이고 이에 대한 행동은 도덕적 식견, 집단적 책임감, 양심, 초자아를 지향하며 근본적으로 도덕적 책임감을 수반한다. 반면에, '좋음(good)'은 좋아하고, 가치론적이고, 즐길 수 있고, 호감이 가고, 유쾌하고, 선호하는 것으로서 이에 대한 행동은 충동, 직접적 내성, 동물적 경험을 지향하는 쾌락적인 것으로 행정가는 항상 '옳음'에 대한 진지한 성찰을 해야 한다는 것이다.

주어진 갈등상황에 대한 가치분석은 원리, 결과, 합의, 선호 중에서 어디에 가치기준을 두느냐에 달려 있다는 것이다. 이것들에 관하여 구체적으로 살펴보면 첫째, 원리에 기반을 둔 가치유형 I 의 행동은 이성을 초월한 개인의 의지나 믿음에 근거한 행동으로 형이상학적이다. 이것은 윤리강령, 명령, 계명의 형태를 취한다. 그 특징은 과학적으로 검증될 수 없고 단순한 논리적 주장으로 정당화될 수 없다. 이 가치유형은 초월적인 가치유형으로서 합리적 가치유형과 전합리적 가치유형과 구별되는 절대성을 가지고 있다. 따라서 원리는 합리성과 갈등하지 않는 나름대로의 합리성을 가지고 있기 때문에, 이성적 추론보다는 의지에 근거를 두는 특징을 가지고 있다. 이에 대한 선택은 신뢰, 신념, 공약 등의 행동을 내포하고 있다. 예를 들면, 국가나 사회를 위한 헌신적 행위를 들 수 있다.

둘째, 가치유형 II 에 속하는 결과와 합의에 근거한 행동이다. 여기서 미정의 가치판단이 '결과'의 이성적 분석에 의한 것이면, 어떤 미래의 결과 상태는 바람직한 것으로 생각한다. 여기서 '합의와 결과'의 가치 기반은 이성과 인지능력을 포함하고 있으며, 그 기반이 집단성과 집단적 판단에 의존하기 때문에 사회적이다. 결과의 분석은 사회 상황, 사회 규범, 기대, 사회 기준에 주어진 체제 등을 전제로 한다. 예를 들면, 합리성은 합의과정(한 예로, 만 16세 이하 청소년에게 술 판매에 대한 사회적 합의가 있다면)을 거쳐 개인의 선호가 전체적인 평균이 된다. 결과는 가치를 얻은 결과(한 예로, 강도짓을 한 결과에 따라 5년 이하의 형을 받는다면)를 분석한 근거(형법에 강도짓을 하면 안 된다)에 의해 가치가 정당화된다.

셋째, 가치유형Ⅲ으로 대상이나 행위의 선호는 개인적 '정서'에 기반을 두고 있다. 개인의 '선호구조'를 구성하는 이 유형은 자기 판단적, 정서적, 감정적이기 때문에 전합리적이다. 그래서 나는 왜 그를 좋아하는가에 대한 가치는 그냥 내가 좋아하기 때문이다가 된다. 그 이상의 표현은 필요하지 않다. 따라서 이 가치유형은 원초적이며 본질적인 사실에 의하기 때문에 있는 세계는 그대로이다. 예를 들면, 나는 검정색보다 파란색을 더 좋아한다. 파란색을 선호하는 것은 특별한 이유 때문이 아니라 그냥 파란색이 좋은 것이다.

가치분석의 다른 하나인 가치원칙은 전체적인 상황에 적용되기 때문에 가치분석보다는 더 복잡하다. 가치원칙들은 사실들이 평가되고 가치기준이 분명해진 다음에 하나의 자격을 갖춘 입장에서 취해진다. 예를 들면, '어떤 나라가 다른 나라의 내정문제에 관여해서는 안 된다'는 주장은 하나의 가치기준이다. 그러나 구체적인 상황에 있어서 어떤 나라는 '적대국가에서의 군사적 규모가 커지면, 자국의 안전을 유지하기 위하여 상대국가에 대한 내정 간섭은 필연적인 것이다'는 가치원칙에 입각하여 행동할 수도 있다. 그러므로 가치기준은 그러한 결정의 한 산물로서 나오는 것이다. 하나의 가치판단에는 여러 가지 다양한 가치기준들이 작용할 수 있으나, 어떤 가치판단에도 오직 하나의 가치원칙만이 함축되어 있다(Metcalf, 1971).

그러나 추론적 관점은 도덕이라는 가치를 너무 인지적 사고과정에서 보려는 경향이 강하다. 또한 각 가치유형에 대한 가치구분이나 특정한 도덕적 맥락에서 절대적인 원칙들 간의 가치갈등을 어떻게 해결할 것인지에 대한 구체적인 해답을 제시하지 못한다(Samir, 2003). 그럼에도 불구하고, 인지적 관점은 인류의 보편적 상황에 대한 원칙적인 근거를 제시하고 있다는 점에서 그 장점이 있다.

요컨대, 인지적 관점의 도덕적 추론은 반성적 체계, 가치기준 및 가치원칙 등의 합리적인 준거에 의해 이성적으로 판단하는 과정이라 할 수 있다.

대부분의 인간은 좋은 것과 옳은 것의 사이에서 자신의 고유한 가치의 배경에 따라 개별적인 가치체제를 형성해 간다. 학교행정가 역시 자신의 가치체제에 근거하여 결정을 내릴 것이다. 그러므로 학교행정가는 도덕적인 문제를 해결함에 있어서 누구나 인정하고 이해할 수 있는 합리적 근거에 의해 도덕적인 결정을 해야 할 것이다. 따라서 인지적 관점에서 학교장의 도덕적 지도성은 갈등이 되는 도덕적인 문제를 해결함에 있어 합리적 준거에 의해 선하게 결정하는 이성적 지도력이라고 할 수 있다.

행위적 관점 이 관점은 어떤 행위를 하는 사람을 도덕적인 사람이라 할 수 있을까에 대한 시각이다. 즉 어떤 행위가 도덕적 지도자의 행위인가의 문제이다.

Cherrington과 Cherrington(2000: 5−6)은 <그림Ⅱ−2>과 같이 도덕의 성격을 하나의 연속체 선상에서 비도덕적인, 도덕적인, 덕 있는 등으로 구분하면서, 도덕적인 사람이 어떤 행위와 동기를 가지고 있는지를 설명하고 있다.

비도덕적인 사람들의 특성은 형편이 좋은 상황에서도 정직하지 못하고, 명예나 정직은 중요한 가치가 아니기 때문에 약속을 깨고, 거짓말을 하고, 훔치는 것을 부끄럽거나 죄를 짓는 것이라고 생각하지 않는다는 것이다. 주어진 상황에서 사람들이 정직하거나 부정직하게 행동하는 것은 잠재적인 보상, 이익이 될 수 있는 가능성, 그리고 적절한 결과 등에 따라 다르다는 것이다. 따라서 비도덕적인 사람들의 태도는 무엇이 나에게 도움이 되는가에 관심이 있다. 즉 타인에 대한 배려나 도움은 전혀 관심이 없기 때문에 이기주의적 동기에서 야기되는 거짓, 절도, 그리고 부정 등의 행위를 한다는 것이다.

반면에, 도덕적인 사람의 성품은 매우 정직하고 의도적으로 잘못을 하지 않는다. 도덕적인 사람은 옳고 그름의 차이를 이해하고 명예로운 삶을 살기 위해 노력하며, 가해자의 사기와 기만의 결과를 알기 때문에 정직하게 행동한다. 그러므로 도덕적인 사람은 사회의 기본적 표준으로서 정직과 성실의 원리를 따르고, 삶 속에서 기꺼이 그것들에 순종한다.

대부분의 사람들은 도덕과 비도덕의 연속체 선상 사이에 존재한다. 즉 사람들은 정직을 중요한 것으로 믿고 있으며, 기본적으로 자신을 정직한 개인으로 묘사한다. 그러나 정상적인 상황이 되면 사람들은 거짓과 훔치는 일을 하도록 유혹받는다. 대부분의 사람들은 자신의 위치에서 만족하고, 어느 정도 자신은 정직하고 다른 사람도 정직하다고 생각하지만, 자신이 어느 정도 정직하지 않으면 다른 사람들도 마찬가지로 정직하지 않다고 생각한다. 그래서 자신이 보통 사람과 같이 정직하다고 주장을 함으로써 다른 사람들의 부정직함을 용서한다는 것이다. 두 연구자는 도덕적 행위의 내용으로 정직과 공평을 제시하였다. 따라서 두 연구자의 도덕적 행위란 어떤 상황에서도 무엇보다도 정직하고, 공평하며, 성실하게 행동하는 것이다.

Northouse(2001: 303-306)는 도덕적 행위에 대해 결과를 중시하는 목적론과, 행위의 결과만이 아니라 그 행위가 선한 것이냐의 여부를 보는 의무론으로 나누어 제시하였다. 이에 대한 구체적인 내용을 살펴보면 다음과 같다.

첫째, 목적론(teleological theory)은 한 인간의 행위가 바람직한 결과를 발생하느냐 아니냐에 따라 옳고 그름을 정하는 것이다. 즉 "무엇이 옳은가"라는 질문에 대해 목적론에서는 그 결과를 보고 답하게 된다. 전적으로 행위의 결과에 의해 옳고 그름을 정하는 것이다.

그렇다면 도덕적 행위의 결과에 대한 준거는 무엇으로 할 것인가? 우선, 한 개인이 자신에게 최선이 되는 것을 창출하기 위해 행동하는 도덕적 이기주의이다. 예를 들면, 어떤 회사나 종업원들이 최대의 이익 달성을 목적으로 의사결정을 내리는 경우에 해당된다. 승진을 열망하는 중간관리자가 자신의 팀이 그 회사에서 최고가 되길 바란다면 그의 행위는 도덕적 이기주의에서 나온 것이라고 말할 수 있다.

다음으로, 최대다수의 이익을 위한 공리주의이다. 예를 들면, 한 국가가 국가의 예산 중에서 일정 부분을 재해나 질병을 위해 배분하기보다, 건강예방을 위해 더 많은 사람들에게 그 예산을 배분한다면 국가의 예산은 최대다수의 시민을 위해 최선의 노력을 한 것이므로, 그것은 공리주의 시각에서 나온 것이다.

그 다음으로는, 어떤 행위의 일차적 목적이 타인의 최대이익을 위하여 행동한다는 이타주의이다. 이타주의는 공리주의와 유사한 행위로서, 리더는 자신의 개인적 이익에 반하더라도 타인의 이익을 위해 행동한다. 이에 대한 가장 좋은 예는 가난한 사람들을 위해 일생을 바친 테레사 수녀의 행적이라고 할 수 있다.

요컨대, 목적론의 관점에서의 도덕적 행위는 타인의 이익을 위한 선한 행동을 말한다. 그러므로 도덕적 지도자는 자신의 이익보다는 추종자들의 선한 이익을 좇아 행동하는 사람이다.

둘째, 의무론(deontological theory)은 행동의 결과보다는 타인에게 행동을 할 때 정직하게 말하고, 약속을 지키고, 공정하고, 타인을 공경하는 등의 선한 행동을 해야 하는 의무와 책임이다. 그러므로 주어진 행위가 도덕적이냐 아니냐는 단지 행위의 결과만이 아니라 그 행위 자체가 선한 것이냐, 선하지 않느냐의 여부에 달려 있다. 따라서 의무론적 관점은 선한 행동을 해야 하는 도덕적 의무와 책임에 그 초점을 두고 있다.

예를 들면, 미국의 빌 클린턴 대통령이 백악관 여직원과 부적절한 관계를 맺은 사건에 대해 의회에서 진실을 말할 것을 선서하고서 허위진술을 한 경우에 많은 미국의 국민들은 대통령으로서의 진실을 말해야 하는 의무를 저버렸다고 믿는 사람들이 많았다.

의무론적 관점에서의 도덕적 지도자는 추종자들에게 정직하게 대하는 선한 행동을 하는 사람이다. 그러므로 도덕적 지도자가 조직을 이끄는 힘은 그 무엇보다도 추종자들에게 정직하게 대하는 선한 행동이다.

그러나 결과를 중요시하는 목적론은 인간이 목적을 위한 수단이 될 수 있는 단점이 있으며, 의무론은 인간을 목적시하는 단점을 가지고 있다. 사실 경영자가 느끼는 의무는 여러 가지가 있을 수 있으므로 이들 간에는 갈등이 생긴다. 그러므로 갈등을 해결할 수 있는 확실한 기준이 필요하다. 또한 의무론에서 말하는 예외 없이 지켜야 할 도덕적 의무와 책임이란 과연 무엇인가에 대해서 확고한 근거가 없다. 조직구성원 개개인의 가치관의 차이를 도덕적 의무와 책임이라는 추상적인 개념만으로는 좁힐 수 없다. 의무론이 이러한 단점이 있음에도 불구하고 인류의 보편적인 양심에 근거한 의무적 행위는 그 정당성을 가진다. 이러한 목적론과 의무론의 시각에서 볼 때, 도덕적 행위는 타자본위의 선한 행위이다. 여기서 선한 행동이란 추종자들의 이익을 위해 행하는 정직과 봉사를 말한다. 그러므로 행위적 관점에서 도덕적 지도자의 행위는 추종자들의 이익을 위해 정직하고, 봉사하는 행동이라 할 수 있다. 따라서 행위적 관점의 학교장의 도덕적 지도성은 학교 구성원들에게 항상 정직하게 대하고, 추종자들의 이익을 위해 봉사하여 조직을 효과적으로 이끄는 지도력이라고 할 수 있다.

지금까지 도덕이론에 대하여 정의적 관점, 인지적 관점, 행위적 관점 등을 통하여 살펴보았다. 각각의 시각은 도덕적 지도자가 어떤 사람인가를 설명하고 있다. 그러나 Brabeck(1995)은 도덕성은 도덕적 민감성, 도덕적 추론, 도덕적 동기화, 도덕적 인격 등을 포함하고 있다고 하면서, 도덕성에 대한 종합적인 이해의 필요성을 강조하였다. 또한 학교조직의 관점에서 살펴보면, 도덕적 지도성을 위의 세 가지 관점을 나누어서 보기보다는 세 가지 관점을 종합적이고 다차원적으로 이해하는 것이 필요하다. 그 이유는 첫째, 교육 자체가 종합적이고 다차원적이어야 하기 때문이다. 교육에 대한 전문적인 직무는 단순히 어느 한 가치나 한 측면만으로 수행하기 어렵고, 개인적인 경험과 직관 및 정서, 공동체의 규범 등이 함께 종합적으로 상호작용하여 이루어진다. 또한 바람직하고 조화로운 사람을 가르치는 학교조직에서의 교육과정은 학문의 합리성뿐만 아니라 정의적, 가치적, 그리고 심미적 활동이나 내용이 포함된 종합적이고 다차원적인 것이어야 하기 때문이다.

둘째, 학교는 다양한 가치를 지닌 개방체제이기 때문이다. 학교조직은 다양한 욕구와 가치를 가진 사람들의 집단이며, 또한 다양한 환경과 접촉해야 하기 때문에 학교 지도자가 절대적인 어떤 한 가지의 가치를 주장하는 것은 민주성과 다양성을 인정하지 않고 편협적인 교육, 비효과적인 조직이 될 수 있다. 그러므로 모든 가치는 상호작용을 하면서 유기적인 가치를 지닌 지식의 양식으로 이해하고 인정하게 되면, 학교조직의 도덕적 지도성 이론은 보다 풍부해지고 실제적이면서 포괄적인 것이 될 수 있다. 따라서 조화로운 학교교육의 목표수행과 구성원들의 다양한 욕구충족을 효과적으로 달성하기 위해서 학교장의 도덕적 지도성은 다양한 가치를 포함하는 종합적이고 다차원적인 것이 되어야 한다.

위의 세 가지 도덕적 관점들을 종합하여 볼 때, 도덕적 지도자는 도덕적 자질을 가지고, 자신의 이익보다는 추종자들의 이익을 위하여 정직과 봉사의 선한 행동을 하여 조직을 효과적으로 이끄는 사람이라고 할 수 있다. 그러므로 도덕적 책임을 가지는 학교 지도자는 도덕적 지도성의 중요성을 깊이 인식하고, 도덕적 자질, 도덕적 추론, 도덕적 행위 등을 함양하기 위해 도덕적 가치를 개발하고 훈련하는 데 많은 노력을 해야 할 것이다.

2) 도덕적 지도성

지도자가 조직의 지도성을 발휘하는 데 있어서 권위를 확보하는 것은 중요한 일이다. 권위는 관료적 권위, 심리적 권위, 기술-합리적 권위, 전문적 권위 등, 다양한 권위가 있으나 무엇보다도 공동체의 높은 신념과 가치에서 파생되는 사명감, 책임감, 도덕적 판단, 봉사, 정직 등의 실천적 행위가 요구되는 도덕적 권위를 발휘하는 것이 중요하다. 그것이 바로 도덕적 지도성이다.

(1) 학교장과 도덕성

도덕성은 도덕적 행위를 할 수 있는 능력 또는 성향이며(이돈희, 1981), 모든 도덕적 내용이란 어떤 규범 자체를 말하며, 개체가 이러한 규범을 어떻게 지키는가 하는 것이 도덕성의 본질이다(Piaget, 1972). 즉 인간은 조직의 규범 속에서 존재하는 하나의 개체라고 할 수 있다. 그렇다면 학교조직의 개체들을 이끌어가야 하는 학교장은 도덕성과 어떤 관계가 있는가?

조직의 지도자란 자신의 문화적·윤리적 특성을 발전시키고 조직에 자신의 신념과 행위와 윤리적 특질을 주입시켜 조직문화를 창조하여 변화시킬 수 있는 경영윤리와 보편적인 사회 책무가 요구되는 사람(이정규, 1998)일 뿐만 아니라, 조직의 도덕성을 확립하는 사람이다(Dickson et al., 2001). 특히 유교문화를 가진 우리 사회는 이런 이유로 도덕성을 가진 지도자를 이상적인 지도자로 보고 있다(이규태, 1987).

이러한 시각에서 볼 때, 학교조직의 지도자인 학교장은 교직원들의 삶의 방향과 학교조직 목표에 막대한 영향을 주는 사람인 동시에, 막대한 권한을 갖는 학교 지도자로서의 도덕적 책임을 져야 하는 사람이다. 특히 다른 직업과는 달리 교육행정가의 직업은 헌신이 기본이며, 도덕과 윤리를 요구한다. 또한 교육자는 교육 실제를 반성하면서 도덕적·윤리적 신념의 본보기로 살아가기 때문에(Maxcy, 2002), 학교장은 도덕성을 확립하고 발전시키는 사람이어야 한다.

또한 학교장은 공직자로서 공직윤리를 준수해야 할 의무를 가지는 사람이다. 공직윤리는 바른 정책과 법, 제도 그리고 서비스 행정을 위해 추구되어야 할 가치의 내용이 무엇이며, 이들의 가치들이 공직의 구체적인 실행과정에서 어떻게 직무행위의 표준으로서의 의미를 갖는가 하는 규범에 중점을 두고 있다. 이는 바로 공직자의 도덕성을 말한다(정진환 외, 2001). 그러므로 학교장의 도덕성은 학교조직의 의사결정을 하는 지도자의 판단과 가치를 형성하는 중요한 기틀이 되는 규범적 가치행위가 된다.

실제로, 개인이나 조직이 도덕성을 상실하게 되면 개인은 고립감이나 이탈감을 갖게 되기 쉽고 조직은 기능을 제대로 발휘하지 못하고 약화된다. 조직의 도덕성이 확고하지 않으면 구성원들은 기존의 규범을 따르지 않아도 된다고 느끼기 때문에 조직의 응집성은 붕괴되어 개인의 정체성, 임무, 목표에 대한 의식 등을 잃게 된다. 이렇듯 도덕성은 조직의 구성원들을 묶어주는 역할을 한다. 이런 점에서 학교장은 도덕성을 바르게 확립하고 도덕적 분위기를 조성해 나가야 한다.

따라서 학교조직은 교육을 통하여 지식뿐만 아니라 다양한 가치들을 성취해야 하는 다른 상황에 놓여 있는 도덕적 기업이기 때문에 (Greenfield, 1995: 61), 도덕적 조직을 경영하는 학교장의 리더십은 먼저 도덕성을 확보하고 도덕적 가치를 소중히 하는 도덕적 풍토를 조성하는 데 힘써야 할 것이다.

(2) 학교장의 도덕적 지도성

현대사회에서는 지도자의 도덕성이 강조되면서 개인의 도덕성을 개념화하고 측정하고자 하는 노력을 하고 있다. Gaber(1984)의 윤리지수(EQ: Ethical Quotient)와 도덕지수(MQ: Moral Quotient)가 바로 그것이다.

이런 점에서, Greenfield(1999)는 학교조직에 있어서의 도덕적 지도성에 대한 실증적인 연구가 가능하고, 그것의 결과는 의미 있는 지식의 토대가 될 수 있다고 주장하였다. 그 이유는 많은 선행연구에서 나타난 학교 지도자들의 가치나 신념 등이 좋은 학교를 형성한다는 것을 반복적으로 주장하고 있으며, 지도자의 비전(vision)과 가치를 중시하는 변혁적 지도성 연구의 대부분이 교사가 지각한 개념을 묻는 실증적인 연구이기 때문이라는 것이다. 이러한 점에서 학교장의 도덕적 지도성의 개념을 정립하여 실증적으로 연구한 결과는 학교경영에 소중한 지침이 될 수 있을 것이다.

따라서 본 연구자는 도덕적 지도성에 대한 선행연구들을 세 가지의 차원, 즉 정의적 차원, 인지적 차원, 행위적 차원 등으로 나누어서 살펴보고, 그것을 근거로 학교장의 도덕적 지도성 개념을 확립하고자 한다.

첫째, 정의적 차원에서는 도덕적 자질을 도덕적 지도성의 개념으로 보았다. 예를 들면, Calabrese(1986: 1)는 "윤리적 지도성은 공정성, 공평성, 헌신, 책임, 그리고 의무와 관계하며, 윤리적 지도자가 좋은 학교를 만들며 조직의 효과성을 높일 수 있다"고 하였다. 명제창(1998: 93-94)은 도덕적 지도성의 개념을 "지도자의 도덕성과 추종자들의 자율성이란 이원적 구조를 통해 지도자는 스스로 '지도자들의 지도자'의 특성을, 추종자에게는 '자기 지도자'의 특성을 나타내도록 하는 지도성으로, 궁극적으로 효과적이고 도덕적인 조직을 만드는 것을 목적으로 하는 지도성"이라고 정의하면서, 지도자의 특성으로 청렴성, 사명감, 공정성, 책임감 등을 제시하였다. 또한 김필녀(2003: 10)도 "도덕적 지도성이란 학교조직을 이끌어 가는 교장의 지도성으로, 학교장으로서 갖추어야 할 도덕적 품성인 청렴성, 사명감, 공정성, 책임감과 학교장으로서 지녀야 할 능력인 권한부여, 비전제시 등을 바탕으로 추종자의 존경과 신뢰를 획득하고, 나아가 교사의 능력을 계발하고, 교사들이 자율적으로 직무를 수행하도록 조장하여 효과적으로 학교가 운영되도록 하는 지도성을 말한다"라고 하였다.

도덕적 지도성 개념에 대한 정의적 차원은 조직을 효과적으로 운영하기 위해서는 지도자가 어떤 자질을 가지고 있는 사람이어야 하는가, 즉 어떤 가치를 가지고 조직을 운영해 나갈 것인가의 문제를 다루고 있다. 그래서 주로, 지도자의 선한 가치를 지향하는 태도, 정서 등을 강조한다. 그 내용은 지도자가 구성원으로부터 존경과 신뢰를 확보할 수 있는 공정성, 책임감, 사명감, 청렴성 등의 가치를 발휘해야 조직을 효과적으로 운영할 수 있다고 보았다. 따라서 조직의 리더는 먼저 자신의 권한을 이용하여 추종자들로 하여금 빠르게 변화하는 직무환경과 사회문화 속에서 상충되는 가치들을 잘 대응해 가도록 도움을 주는 자이며(Heifetz, 1994), 조직의 바람직한 가치관, 태도, 신념 등을 이끄는 사람이다(허병기, 1998).

요컨대, 정의적 차원에서의 도덕적 지도성은 지도자가 도덕적 자질을 확보하여 구성원들로부터 신뢰와 존경을 받고, 조직에 바람직하고 이상적인 가치를 조성하고 개발하여 조직의 효과성을 극대화하는 지도성이라 할 수 있다.

둘째, 인지적 차원에서는 도덕적 추론을 도덕적 지도성의 개념으로 보았다. 이성에 의해 무엇이 도덕적으로 옳고 그른지를 판단하는 것이다. 즉 도덕적 지도성을 도덕적 추론의 과정으로 보는 것으로서 어떤 쟁점이 되는 문제에 대해 도덕적 논리성과 합리성을 확보하는 것이다.

예를 들면 Koklberg(1981)는 "윤리적 지도성은 도덕적 추론의 원칙에 의해 안내되고, 고취되며, 지시되는 지도성이다"라고 하였고, 박진숙(1999: 254)은 "윤리적 지도성은 명백한 가치들과 신념체계를 가지고 비전을 제시하며, 더 높은 수준의 도덕적 추론의 원칙에 의해 합리적인 결정을 내리고 책무와 용기를 가지고 헌신하는 지도성이다"라고 하였다. 따라서 인지적 차원에서의 도덕적 지도성은 지도자가 합리적인 결정을 하기 위해 도덕적 추론에 따르는 이성적 지도성이라고 할 수 있다.

셋째, 행위적 차원에서는 도덕적 행위 자체를 도덕적 지도성의 개념으로 보았다. 즉 지도자가 어떤 행위를 해야만 조직의 권위를 확보하게 되어 조직의 효과성을 높일 수 있는가의 문제이다.

예를 들면, Hodgkinson(1978: 190)은 "윤리적 지도자는 사람에 대한 관계에서 가치 명제들에 대해 어떤 철학을 가지고 있을 것이다. 지도자의 진실성은 자신의 일련의 가치관에 따라 봉사의 특성이 나타나고 추종자와의 관계도 이러한 가치관과 관계한다. 주로 민감한 관심, 관찰, 상호작용, 성찰 등을 통해서, 인간적이고 자비로운 친교를 통해서, 사람은 본질적으로 귀중한 자신의 내부의 목적으로 인식되어야만 한다"고 하였다. Greenleaf(1970, 1977)도 리더십은 본질적으로 남을 섬기려는 사람에게 부여되는 것이라고 주장하면서, 리더가 되는 방법은 첫째 봉사자가 되는 것이라고 하였다. 섬기는 리더는 부하들의 욕구에 관심을 기울이고 그들보다 더 지적이고 자유롭고 독립적이며 부하들 자신이 남을 섬기는 사람이 될 수 있도록 도와주어야 한다고 하였다. Wilcox와 Ebbs(1993: 37)은 리더십이란 "본질적으로 남을 섬기려는 사람에게 부여되는 것이며, 지도자의 진실성은 자신의 일련의 가치관에 따라 봉사의 특성이 나타나고 추종자와도 이러한 가치관과 관계한다."고 하였다. 또 Cherrington과 Cherrington(2000)은 "도덕적 지도자의 특성은 정직으로 나타나고, 정직은 사회의 표준이 된다."고 하였다. 이러한 점에서 볼 때, 행위적 차원에서의 도덕적 지도성이란 부하들에게 정직하게 대하고, 부하들의 이익을 위하여 봉사하는 지도성이라 할 수 있다.

이와 같이, 종래의 선행연구들은 도덕적 지도성이 발휘되는 양상에 따라 정의적 차원, 인지적 차원, 행위적 차원 등으로 구별될 수 있다. 그러나 도덕이 갖는 다양한 특성 때문에 도덕적 지도성 개념에 대한 시각은 종합적이고 다차원적인 관점에서 새롭게 정립되는 것이 필요하다고 본다.

그 이유는 첫째, 도덕도 한 사회가 가지는 다양한 가치의 문화나 관습이라는 점에서 교육되기 때문에 협의적 또는 미시적으로 해석하기보다는 거시적 또는 광의적 의미에서 포괄적인 해석을 하는 것이 필요하다. 또한 도덕교육의 방법은 인지적 측면으로만 국한될 수 없고, 정의적 측면과 행위적 측면이 모두 고려되어야(박병기·추병완, 1996) 하는 것처럼 도덕적 지도성도 종합적인 것이 되어야 한다.

둘째, Hodgkinson(1991)은 '가치 개념의 분석적 모형'에서 심리학적 대응으로서 가치는 정서적, 인지적, 능동적 특성을 가지며, 가치 유형에서는 전합리적·합리적·초합리적 가치 등 다양한 가치를 포괄하는 특성을 가지고 있다고 주장하였다. 이와 같이, 가치가 다양한 특성을 가지고 있다는 점을 고려해 볼 때, 가치를 어느 한 측면에서 해석하기보다는 다양하고 종합적인 관점에서 보는 것이 타당하다고 본다. 즉 가치가 한 측면을 반영하는 것이 아닌, 사회의 다양한 문화를 포괄하는 다차원적인 것이 될 때 균형적인 것이 될 수 있다. 이러한 시각에서 도덕적 지도성의 개념은 다양한 시각을 통합하는 종합적·다차원적 관점에서 재정립하는 것이 필요할 것이다.

따라서 본 연구의 학교장의 도덕적 지도성의 개념은 "학교장이 높은 도덕적 자질을 소유하고, 도덕적 추론에 의해 합리적인 의사결정을 하며, 교사들에게 정직하게 대하고 헌신적으로 봉사하여 학교를 효과적으로 이끄는 지도성"이라고 정의할 수 있다.

3) 도덕적 지도성의 구성요인

도덕적 지도성의 구성요인을 무엇으로 볼 것인가의 문제는 선행연구자들의 시각을 분석하여 보면 다음과 같이 세 가지 차원으로 나누어 볼 수 있다. 이에 대한 내용은 다음과 같다.

첫째, 정의적 차원에서 지도자의 도덕적 자질이다(김필녀, 2003; Northouse, 2001; 명제창, 1998; Calabrese, 1986). 즉 지도자의 덕성에 관한 문제로 선한 가치를 지향하는 태도, 정서 등을 강조하고 있다.

둘째, 인지적 차원에서의 지도자의 도덕적 추론이다(박진숙, 1999; Kohlberg, 1981). 도덕적 추론이란 무엇이 좋고 나쁘며, 옳고 그른지를 이성적으로 받아들일 수 있는 훌륭한 이유에 기초하여 도덕적인 결정을 하는 것이다.

셋째, 행위적 차원에서 지도자의 도덕적 행위이다(Greenleaf, 1970, 1977; Wilcox & Ebbs, 1993: 37; Cherrington & Cherrington, 2000;

Northouse, 2001). 즉 남에게 정직하게 대하고, 봉사하는 실천적 행위를 말한다.

요컨대, 학교장의 도덕적 지도성은 각 차원에 따라 도덕적 자질, 도덕적 추론 그리고 도덕적 행위 등 세 가지 요인을 가지고 있다. 먼저, 학교장의 도덕적 자질에 대하여 살펴본다.

(1) 도덕적 자질

도덕적 자질은 개인의 성향 또는 기질 속에 내재되어 있는 것으로서(Northouse, 2001: 306), 한 사회나 문화가 갖는 특성에 따라 이상적인 지도자의 도덕적 자질이 다를 수 있다. 즉 도덕적 자질은 한 사회나 문화가 요구하는 지도자의 도덕적 품성으로서 자신보다는 타인을 위한 도덕적 성향이라고도 할 수 있다. 특히, 유교문화를 가진 우리 사회는 능력보다는 타인을 위한 선한 인품을 가진 사람을 지도자로 존경하고 따르는 경향이 강하다. 그러므로 도덕적 자질요인은 문화적인 합리성을 가진다.

그러면 도덕적 자질의 구성요인을 무엇으로 볼 것인가? 이에 대한 선행연구에서는 다양하게 제시하고 있으나, 그 대부분이 청렴성, 사명감, 공정성, 책임감 등을 거의 공통적으로 제시하였다(김필녀, 2003; Northouse, 2001; 명제창, 1998; Calabrese, 1986). 따라서 본 연구에서도 이 요인들을 도덕적 자질을 구성하고 있는 요인으로 선정하고, 이것들을 중심으로 하여 구체적인 내용을 살펴보면 다음과 같다.

첫째, 지도자의 청렴성이라고 할 수 있다. 청렴성은 마음이 고결하고 재물 욕심이 없음(이기문, 1994: 1993)을 나타내는 말이다. 즉 직위를 이용하여 개인의 이익을 취하지 않는 것을 말한다. 사실, 직무와 관련된 어떤 뇌물이나 향응을 금지하는 것은 행정의 부패를 막고 공직의 윤리를 세우는 중요한 일이다. 또한 지도자의 청렴성은 부정부패를 막고자 하는 행동규범으로서 직위를 이용하여 사리사욕을 하지 않고, 물질적·정신적 자기 절제(이규태, 1987: 20−21)를 통하여 부정부패를 막아 추종자들로부터 위엄(정약용, 1988)과 당당함을 갖는 것을 말한다. 특히 학교행정에 있어 재정의 투명성은 학교 지도자의 청렴성을 가늠하는 중요한 척도가 된다. 그러므로 학교 예산의 편성과 결산에 있어서는 학교장의 개인적 이익이나 부정부패가 없음을 조직구성원들에게 투명하게 밝히는 것이 매우 중요하다. 따라서 학교장의 청렴성 개념은 학교장의 직위를 이용하여 사리사욕하지 않고 부정부패하지 않는 것이라고 정의할 수 있다.

둘째, 지도자의 사명감이다. 사명감은 맡겨진 임무를 수행하려는 기개나 책임감을 말한다(이기문, 1994: 1016). 예를 들면, 자기 직업에 대한 사명감은 자신의 일에 긍지와 자부심을 가지고 정성을 다하는 장인정신이라고 할 수 있다. 또한 사명감은 사람들로 하여금 각자가 자기 직업을 소중히 여기고, 자기 직업에 정성과 최선을 다하여 근면하고 성실하게 자신의 직분에 임하도록 자극한다.

특히, 교육조직에 있어서의 사명감은 교육조직을 계산이 아닌 긍지와 보람을 느끼며 도덕과 규범을 유지하는 조직(주삼환, 1996)으로 인식하고, 자신의 일처럼 생각하고 마음을 다하는 것이다(정약용, 1988: 80).

84

사명감을 가진 지도자는 자신의 일에 긍지와 자부심을 가지고 과업의 목표를 설정하여 근면하고 성실하게 일한다. 지도자의 그러한 자세는 구성원들의 본보기가 되어, 구성원들은 조직과 자기 자신을 동일시하게 하며, 조직과 그 목표에 대한 강한 소속감과 충성심을 불러일으키게 될 것이다. 따라서 학교장의 사명감의 개념은 학교장이 자신의 일에 대해 긍지와 자부심을 가지며, 장인정신으로 근면 성실하게 일하는 것이라 정의할 수 있다.

셋째, 지도자의 공정성이다. 공정성(fairness)의 사전적 의미로는 공정하고 올바름(이기문, 1994: 204)의 뜻으로, 학자마다 주장하는 내용이 다르고 형평성, 정의, 평등, 적법 절차, 불편 부당성이란 용어와도 구별하기 어려우나, 이 유사 개념들이 서로 구별되지 않고 사용돼 오고 있다. 이에 대해, MacRae과 Wilde(1979)는 형평성을 공정성 또는 정의와 동의어로 정의하고 있고, 김영종(1995)은 정의라는 개념이 흔히 공정성 또는 형평성의 개념과 거의 같은 뜻으로 사용되고, 공정성은 정의의 핵심적 요소로 인정된다고 하였다.

보통 형평성이란 말은 법률적 평등을 말하며, 공정성이란 말은 형평성을 포함하는 포괄적 의미로 사용되고 있다. 이러한 공정성은 선악, 정사(正邪), 그리고 미혼(美魂)에 관한 것들을 분별하고 그 정도를 평가할 때에는 가능한 한 객관적이고 중립적인 입장에서 정확하게 판단하는 것을 뜻한다고 볼 수 있다. 즉 공정성은 누구에게나 공평하게 대해 주는 것을 말한다.

예를 들면, 학교의 정책 결정은 특수이익을 대변하는 부분성과 편파성을 벗어나서 구성원들의 이익을 대표하는 전체성과 공정성을 지녀야만 윤리성을 띠게 된다. 행정이 가치배분을 할 때에 공정성을 잃어버리면 차별대우를 받는 사람과 혜택을 받는 사람은 서로 반목하게 되어 갈등을 겪게 되고, 결국 학교조직은 협동하지 못하고 상호 불신하는 불행을 가져온다. 그러므로 진정한 지도자는 자신의 권한을 이용하여 적절히 조직을 통제하고, 모든 구성원들에게 공평하게 대우한다. 조직의 지도자가 어떤 특정한 개인과 친하다는 이유로 잘못을 봐주거나 자신의 잘못을 지적하는 사람에게 불이익을 주면 안 된다. 특히 인사행정을 포함한 학교행정에서는 연고주의(緣故主義)보다는 능력, 객관성, 공정한 기준, 자격 등에 따라서 지도력을 발휘해야 한다. 따라서 학교장의 공정성의 개념은 학교장이 업무를 처리하는 데 있어 부당하지 않고 공정하게 처리하는 것이라 정의할 수 있다.

넷째, 지도자의 책임감이다. 책임감은 자기에게 부여된 임무를 성실히 수행하는 마음으로서 사회 기능을 원활하게 하는 모든 행위의 기초가 된다. 인간관계에서 책임감이 결여되면 신뢰감을 상실하게 된다. 책임감의 사전적 의미로는 책임을 중히 여기는 마음(이기문, 1994: 1969)이며, 도덕성의 적극적인 측면에서 자아와 타인을 보호하는 것, 책무를 이행하는 것, 자신이 속해 있는 공동체를 위해 기여하는 것이 포함될 것이다. 영어로는 'responsibility'를 말하는 것으로서 개인적이고 도덕적인 의미를 내포하고 있기 때문에 타인이나 부하의 행위, 과업에 대해 책임을 지며, 법적 요구(legal requirement)가 충족되어도 책임을 지는 경우가 있을 수 있다.

이러한 관점에서 볼 때, 학교조직에서 학교행정가는 학생들을 위해서 청지기 정신이 담긴 책임감을 교사, 학부모와 함께 공유하고, 학생들은 타인들과 힘을 합하여 배움의 공동체인 학교를 위해 청지기 정신이 담긴 책임감을 배워야 한다(Sergiovanni, 1992: 139).

조직 지도자의 행위와 결정은 조직과 그 구성원들에게 영향을 미치기 때문에 직무 수행에 있어 책임감이 절대적으로 필요하다. 이러한 책임감의 인식과 관련하여 Harmon(1971)은 행정에 있어 규범적 이론에 관한 새로운 접근으로서 행정 책임에 대한 개별 행정가의 가치와 동기들을 수용해야만 한다고 하였다. 그러므로 도덕적 지도자는 소극적 책임자가 아니라 적극적인 책임자로서 규범적, 업무적 책임뿐만 아니라 정직성, 성실성, 용기, 인내 등 윤리적 덕목에 부합되는 행위에 책임을 져야 한다.

또한, 도덕적 지도자는 자신의 결정에 적절한 윤리적 기준을 적용하면서 역할 수행에 있어서 책임을 다해야 하는 사람이다. 지도자의 책임감이 결여된 조직의 구성원들은 무사안일 행태에 빠질 위험이 있다. 행정에 있어 책임은 윤리이며(Cooper, 1982), 의무이다(Presthus, 1975; 김영종, 1995: 274). 따라서 학교장의 책임감의 개념은 학교장의 역할에 충실하고, 학교행정에 책임을 지는 것이라고 정의할 수 있다.

이상에서 살펴본 바와 같이, 학교를 운영해 나가는 학교장은 청렴성, 사명감, 공정성, 책임감 등의 도덕적 자질을 가지고 교사를 이끌어야 교사들 앞에서 당당한 지도력을 발휘할 수 있고, 그 결과는 자연히 교사들로부터 존경과 신뢰감을 얻게 되고, 그러한 분위기는 학교조직을 도덕적인 상황으로 만들게 되어, 결국에는 학교조직의 효과성을 향상시킬 수 있을 것이다.

따라서 학교장의 도덕적 자질의 개념은 학교장이 교사들의 이익에 기여하기 위해 청렴성, 사명감, 공정성, 책임감 등의 도덕적 자질을 발휘하는 것이라 정의할 수 있다. 학교장의 도덕적 자질의 구성요인을 정리하면 ① 청렴성, ② 사명감, ③ 공정성, ④ 책임감 등이다.

(2) 도덕적 추론

학교조직의 일상에서는 도덕적 판단을 요구하는 많은 일들이 발생한다. 도덕적 문제들을 해결하기 위해서는 합리적인 사고방식이 요구된다. 그것이 바로 도덕적 추론이다.

그렇다면 학교 지도자는 학교의 일상에서 발생하는 도덕적 딜레마의 문제를 어떻게 해결할 수 있는가? 이에 대한 해결방안으로 몇 가지 도덕적 가치 준거들을 제시하면 다음과 같다.

첫째, Strratt(1991)는 도덕적 딜레마의 해결책이 해박한 윤리의식이라고 주장하면서, 그 윤리의식의 내용은 배려, 정의, 비판 등 세 가지를 제시하였다. 여기서 배려는 인간관계에서 요구되는 것이 무엇인가를 말하는 것이고, 정의는 우리를 공정히 지배할 수 있는 것이 무엇인가를 말하며, 비판(critique)은 우리 자신의 아이디어가 어느 점에서 부족한가를 말한다.

둘째, Kidder(1995)는 도덕적 문제에 대한 해결의 기준점으로 최대다수의 최대행복이라는 공리주의, 도덕적 규칙, 배려 등의 준거를 활용해야 된다고 주장하였다.

셋째, Richardson(1992)은 도덕적 딜레마의 해결 준거로 정직을 내

세웠다. 정직은 추종자들에게 가장 인정받는 특질이기 때문이라는 것이다. 도덕적인 문제를 해결할 수 없는 가장 큰 문제는 정직하지 못하기 때문이라는 것이다. 따라서 정직은 최상의 도덕적 판단이 된다.

넷째, Hodgkinson(1991)은 도덕적인 갈등상황을 타당하고, 정당하게 결정하기 위해서는 사회나 문화의 초월적인 원리(윤리강령, 명령 등), 사회적 합의, 문제의 결과 정도, 개인의 정서에 기반을 둔 선호 등의 가치 기반을 통해서 해결할 수 있다고 하였다.

그러나 도덕적 딜레마를 해결하기 위해서는 도덕적 가치 준거를 활용하여 합리적으로 결정해야 하는 인지적인 사고방식이 필요하다. 그것이 바로 도덕적 추론이다. Kohlberg(1981)에 의하면, 도덕적 추론이란 도덕적 딜레마를 식별하고 분석하여 어떤 행동을 해야 하는지를 결정하기 위해서, 무엇이 좋고 나쁘며(good and bad), 옳고 그른지(right and wrong)를 이성적으로 받아들일 수 있는 훌륭한 이유에 기초하여 도덕적 결정을 하는 것이라고 하였다. 즉 도덕적 추론은 도덕적 결정을 내리기 위한 이성적 판단과정이다. 여기서 가치 준거를 활용한 이성적 결정은 개인을 위한 결정이 아닌, 타인을 위한 선한 결정이 되어야 한다(Northouse, 2001: 505). 또한 김성열 외(1996: 19-21)에 의하면, "인간은 도덕적 행위자이기 때문에 자기 자신의 선택에 책임을 져야 하며, 어떤 선택을 할 때 도덕적으로 타당하게 선택할 의무를 가진다. 그러므로 자기 자신의 선택과 행위에 관해 도덕적인 반성을 할 수 있다는 것은 매우 중요한 일이다. 여기서 도덕적 반성이란 도덕적 원리에 비추어 사례를 판단하고 또 그 도덕적 원리를 비판하고 재형성하는 과정이다. 이것이 바로 정교한 도덕적 추론을 할 수 있는 능력을 갖추어 가는 과정이다"라고 하면서, 도덕적 추론은 반성적인 숙고를 통하여 보다 성숙되고 체계적일 수 있음을 강조하였다.

그렇다면 도덕적 추론을 위한 인지적인 요인은 무엇인가? 이에 대해, Kohlberg(1981)는 이성적인 판단 및 태도를, Northouse(2001)는 이타적인 결정 및 태도를 강조하였다. 따라서 본 연구에서는 이 요인들을 도덕적 추론을 구성하고 있는 요인으로 선정하고, 이것들을 중심으로 구체적인 내용을 살펴보면 다음과 같다.

첫째, 이성적 판단 및 태도이다. 이성(理性)은 사물의 이치를 논리적으로 생각하고 판단하는 마음의 작용, 또는 도리에 따라 판단하거나 행동하는 능력을 말한다(이기문, 1994: 1632). 여기서 이치는 사물의 정당한 조리를 나타내는 말이고, 도리는 사람이 마땅히 지켜야 할 바른길을 말한다고 볼 수 있다. 이치나 도리에 대한 준거는 나라나 문화에 따라 적용되는 법, 도덕적 기준, 문화적 가치 등이 다를 수 있다. 그러므로 지도자의 결정과정은 감정이나 개인적 선호에 의해 이루어지는 것이 아닌, 사회의 법이나 문화의 가치 등의 준거에 따라 이성적 판단을 하여 객관성과 합리성을 확보해야 신뢰를 얻을 수 있을 것이다. 따라서 학교장의 이성적 판단 및 태도의 개념은 학교장이 이치나 도리에 어긋나지 않는 합리적인 판단 및 태도를 보이는 것이라고 정의할 수 있다.

둘째, 이타적인 결정 및 태도이다. 도덕적 추론은 지도자 자신보다는 추종자들의 선한 이익에 준하여 옳고 좋은 판단을 하는 과정이다. 이것을 가치론적인 입장에서 볼 때, 선한 결정은 타인의 행복에 기여하고, 타인의 이익을 우선해야 한다는 동기가 선행된 결정이다. 이러한 관점에서 볼 때, 교사들의 선한 이익을 위한 학교장의 도덕적 결정은 교사들로 하여금 충성심과 존경심을 갖게 해줄 것이다. 따라서 학교장의 이타적인 결정 및 태도의 개념은 학교장 자신이 아닌 교사들의 이익을 위해 선한 결정 및 태도를 보이는 것이라고 정의할 수 있다.

요컨대, 도덕적 추론은 도덕적인 갈등의 문제를 해결함에 있어서 인지적인 과정을 통하여 선한 결정을 하는 것이다. 따라서 학교장의 도덕적 추론의 개념은 학교장이 도덕적 가치에 근거한 훌륭한 이성적 판단으로 교사들을 위해 선한 결정을 하는 것이라 정의할 수 있다. 그 구성요인을 정리하면 ① 이성적인 판단 및 태도, ② 이타적인 결정 및 태도 등이다.

(3) 도덕적 행위

도덕적 행위는 사회관계 속에서 요구되는 규칙을 준수하는 행위라고 말할 수 있다. 행위는 주체가 어떤 목적을 실현하기 위해 의도적으로 하기 때문에 도덕적 행위는 의도적으로 도덕적 규범이나 원리를 준수하는 행동으로 이해할 수 있을 것이다. 의도적으로 도덕적 규범을 준수하는 행위라는 점에서 볼 때, 도덕적 행위는 어느 정도 인지적인 과정을 수반하여 결국 행동으로 나타난다고 할 수 있다.

이에 대해, 선행연구에서는 도덕적 행위를 타인에게 정직하며 (Northouse, 2001; Cherrington & Cherrington, 2000), 봉사하는 것이라고 제시하였다(Wilcox & Ebbs, 1993). 즉 도덕적 행위는 나를 주체로 보는 것이 아니라 남을 주체로 보고 먼저 타인을 위해 정직하게 봉사하는 타자본위의 실천적 행위이다. 그래서 도덕적 행위는 명예로운 삶이고, 다른 사람에게 삶의 기본적인 표준으로서 인식된다.

그러면 도덕적 행위를 구성하는 내용은 무엇으로 볼 수 있을까? 이에 대해, Northouse(2001), Cherrington과 Cherrington(2000)는 정직을, Wilcox와 Ebbs(1993)는 봉사를 핵심요인으로 제시하였다. 따라서 본 연구에서는 이 요인들을 도덕적 행위를 구성하는 요인으로 선정하고, 이것들을 중심으로 하여 구체적인 내용을 살펴보면 다음과 같다.

첫째, 지도자의 정직이다. 정직의 의미는 거짓이나 꾸밈이 없어 마음이 바르고 올곧은 상태라고 할 수 있다. 정직(正直)의 한자풀이에서도 바르고 곧다는 의미를 나타내고 있다.

Dalla Costa(1998: 164)는 그의 저서 '윤리적 책무'에서 정직한 것은 속이지 않는 것 이상을 의미한다고 하였다. 즉 조직 리더의 정직은 "그가 이행할 수 없는 것을 약속하지 않으며, 잘못을 대변하지 않으며, 발뺌하고 둘러대면서 숨기지 않으며, 책임을 은폐하지 않으며, 의무를 회피하지 않으며, 경영에서 적자생존의 압력이 다른 사람의 존엄성과 인간성을 존경할 의무로부터 자신을 해방시켜 준다는 주장에 현혹되지 말 것"을 요구하고 있다. 즉 정직은 부정직의 반대로 부정직은 불신을 야기할 수 있다. 정직은 있는 그대로를 진실하게 말하는 것만이 아니라, 타인에 대하여 어떤 의심이나 선입감을 배제하고 자신의 마음을 열고 있는 그대로를 완전히 표현하는 것이라고 할 수 있다.

조직에서 정직은 신뢰와 깊은 관계가 있다. 왜냐하면, 조직의 구성원들이 지도자를 불신하게 되면 약속을 어기게 되고, 서로 거짓말을 하게 되고, 서로에 대한 믿음은 존재하지 않고, 지도자의 권위는 힘을 잃게 되기 때문이다. 그렇게 되는 지도자는 결국 더 이상 조직의 지도자가 되지 못하게 된다. 이러한 점에서 지도자는 조직의 구성원들에게 정직이 중요하다는 인식을 갖도록 노력하는 것이 필요하며, 정직한 분위기를 조성하기 위해 정직한 구성원들에게 그 보상을 해주는 것도 중요하다고 본다. 따라서 학교장의 정직의 개념은 학교장의 책임과 의무를 회피하지 않으며, 교사들에게 있는 그대로를 완전히 표현하는 것이라 정의할 수 있다.

둘째, 지도자의 봉사이다. 봉사는 자신의 이익보다, 때로는 자신의 이익에 손해를 보더라도 남의 이익을 위해 기꺼이 도움을 주는 행위이다. 우선봉사는 구성원들을 위하는 진실한 마음가짐이 중요하다. 구성원을 위하는 진실한 마음이 없는 행위는 봉사라고 할 수 없다. 대가를 바라거나 이익을 계산하는 행위는 봉사가 아니다. 봉사는 겸손한 태도와 감사하는 마음으로 구성원들을 돌아보려는 태도에서 시작된다.

조직에서의 봉사는 특정 개인이나 특정 집단의 이익을 위한 헌신이 되어서는 안 되며, 구성원들을 위한 보편적인 이익을 위한 것이어야 한다. 그 이유는 조직의 지도자는 조직구성원들의 봉사자이기 때문이다. 특히 학교장은 학생과 학부모 그리고 국민 전체에게 봉사하는 위치에 있다고 할 수 있다. "공무원은 국민 전체에 대한 봉사자"라고 할 때, 이는 공무원인 학교장은 어느 특정인이나 특정 당파,

종교, 지역 등의 이익을 대표해서는 안 되고 국민 전체의 이익을 위하여 봉사자가 되어야 한다는 의미로 이해할 수 있다. 이와 같은 맥락에서 헌법 7조 1항에서의 공무원의 책임이란 국민 전체에 대한 봉사자로서의 책임을 말하고 있다(김철수, 1993). 그러므로 조직 리더의 진정한 봉사는 추종자들을 먼저 보살피는 도덕적 행위의 실현이다(Gilligan, 1982; Noddings, 1984).

Senge(1990)는 학습조직에서 리더의 중요한 과업 중의 하나는 조직의 비전을 위한 청지기가 되어야 한다고 주장하였다. 여기서 청지기가 된다는 것은 자신의 것보다 더 중요한 조직의 비전을 교육한다는 의미로, 이것은 자기중심적이 아닌 헌신적 비전이 되어야 한다는 것을 말한다. 즉 조직의 리더는 부하들의 명령자나 군림하는 존재가 아니라 겸손하게 부하들을 섬기는 자로서 봉사의 리더십을 발휘해야 한다는 것이다. 그러므로 도덕적 지도자는 구성원들의 어려움 점이 무엇인지 살펴서 그것을 해결하고, 나아가서 구성원들의 복지와 처우개선 등을 위해 노력하는 사람이어야 한다(김재덕, 2003). 따라서 학교장의 봉사의 개념은 학교장이 교사 중심에 기초하여, 교사의 정신적·물질적 이익을 최우선으로 보살펴주는 것이라 정의할 수 있다.

요컨대, 도덕적 행위를 학교 지도자의 입장에서 살펴보면 학교장의 도덕적 행위는 학교 구성원들에게 정직하게 대하고 자신의 직무에 책임을 다하며, 학교 구성원들의 이익을 위해 봉사하는 행위라고 할 수 있다. 따라서 학교장의 도덕적 행위의 개념은 학교장이 교사들에게 정직하게 대하고 헌신적으로 봉사하는 것이라 정의할 수 있다. 그 구성요인을 정리하면 ① 정직, ② 봉사 등이다.

　지금까지 살펴본 학교장의 도덕적 지도성 차원과 그 구성요인들을 정리하여 보면 아래와 같다.

〈표 Ⅱ-1〉 학교장의 도덕적 지도성 차원과 구성요인

	도덕적 자질 학교장이 교사들의 이익에 기여하기 위해 청렴성, 사명감, 공정성, 책임감 등의 도덕적 자질을 발휘하는 정도	도덕적 추론 학교장이 도덕적 가치에 근거한 훌륭한 이성적 판단으로 교사들을 위해 선한 결정을 하는 정도	도덕적 행위 학교장이 교사들에게 정직하게 대하고 헌신적으로 봉사하는 정도
도덕적 지도성 차원			
구성요인	청렴성 학교장의 직위를 이용하여 사리사욕하지 않고 부정부패하지 않는 정도	이성적 판단 및 태도 학교장이 이치나 도리에 어긋나지 않는 합리적인 판단 및 태도를 보이는 정도	정 직 학교장이 책임과 의무를 회피하지 않으며, 교사들에게 있는 그대로를 완전히 표현하는 정도
	사명감 학교장이 자신의 일에 대해 긍지와 자부심을 가지며, 장인정신을 가지고 근면 성실하게 일하는 정도		
	공정성 학교장이 업무를 처리하는 데 있어 부당하지 않고 공정하게 처리하는 정도	이타적인 결정 및 태도 학교장 자신이 아닌 교사들의 이익을 위해 선한 결정 및 태도를 보이는 정도	봉 사 학교장이 교사 중심에 기초하여, 교사의 정신적·물질적 이익을 최우선으로 보살펴주는 정도
	책임감 학교장의 역할에 충실하고, 학교행정에 대해 책임을 지는 정도		

2. 학교조직의 상황

현대의 학교조직은 다양한 요구를 가진 복잡한 상황이 전개되고 있기 때문에 학교조직의 상황을 정확히 인식하고 적절한 리더십을 발휘해야 지도성 효과를 높일 수 있다. 따라서 학교장은 학교 상황 요인이 무엇인지를 파악하여 학교경영에 최대한 활용해야 할 것이다.

1) 학교조직의 상황

학교조직의 상황에 대한 개념은 다양하다. 그러나 학교조직의 상황은 학교가 처해 있는 학교의 특성으로 선행연구에서는 학교조직 상황의 구성요인을 다양하게 설정하고 있다. 즉 연구자가 학교조직 상황을 무엇으로 볼 것인가에 따라 다르게 나타나고 있다. 그 양상을 본 연구자의 시각에 의해 정리하여 보면, 인간관계 차원, 직무관계 차원, 조직풍토 차원 또는 환경 차원 등으로 대별하여 나누어 볼 수 있다. 이에 대한 내용을 구체적으로 살펴보면 다음과 같다.

첫째, 인간관계 차원이다. 이 차원은 상급자와 교사 간의 관계성, 위계적 관계, 교사 간의 관계성, 역할기대 등 대체적으로 인간적 관계나 사회적 역할관계라고 볼 수 있다. 교장의 입장에서 교사들의 역할기대가, 교사의 입장에서는 교장과 동료들의 역할기대가, 그들 각각의 행동이나 태도에 영향을 주는 요인으로 작용하였다(노종희,

1992: 318).

둘째, 직무관계 차원이다. 이 차원은 대체적으로 교사들의 심리적
－과업적 성숙도, 의사소통, 과업의 정체성, 업무수행능력, 성과, 기
술, 자아개념 등을 들고 있다. 즉 과업을 수행하는 데 있어, 조직구
성원들이 통제의 소재를 어디에 두느냐에 따라, 또는 과업수행능력
에 대한 지각 차이의 정도에 따라 지도성 유형에 대한 수용태도가
결정되었다.

조직구성원들의 업무수행능력에 대한 선행연구에서는 어느 정도
기술적으로, 심리적으로 성숙한지에 대한 것들이었다. 여기서 성숙도
란 목표설정 능력, 자발성, 교육 및 경험의 정도를 말한다. 교사의
직무성숙도가 높으면 교장의 지시나 간섭을 싫어하는 반면에, 심리
적 성숙도가 높으면 과업수행에 대한 책임감과 헌신도가 높았다. 결
국 교사의 성숙도는 지도성 효과에 미치는 주요 요인으로 나타났다.
성숙성의 구성요인으로는 교사들의 성취적 태도, 자아 개념적 태도,
책임감, 교사들의 심리적 성숙 및 자신감의 정도 등이 선정되었다.

의사소통은 학교조직 내의 교장을 포함한 상급자와 교사들과의 사
이, 교사 상호간, 각 부서 간 등에서 의견이나 정보의 교환과정에서
소통방향, 정확성, 수용성, 신속성 등을 그 구성요인으로 선정하였다.

직무특성은 과업이 교사들에게 적합하여 일할 마음을 갖도록 동기
화시켜 주는 정도로 정의하고, 그 구성요인은 기술 다양성, 과업 정
체성, 과업 중요성, 자율성, 환류 등이 제시되었다.

셋째, 풍토 차원 또는 환경 차원에서 학교풍토는 참여자들에 의해
경험되고, 그들의 행동에 영향을 주며, 학교 내 행동에 대한 교사들

의 집단적인 인식에 근거하고 있는 비교적 지속적인 학교환경의 특징이었다. 특히 교사의 행동규범에 영향을 미칠 수 있는 구성요인으로는 지도자와 구성원의 관계였다.

풍토는 조직의 개성을 나타내기도 하지만, 부분적으로 지도자의 개성에 의존하고 있다고 보았다. 즉 지도자가 구성원들에게 어느 정도의 영향력을 가지고 있는가는 지도자가 구성원으로부터 어느 정도 받아들여지고 있는가에 달려 있다. 이에 대한 선행연구들의 구성요인은 교장과 교사의 거리감, 학교의 일반적인 풍토 등을 들었다. 그러나 풍토와 환경을 구별한 경우(노종희, 1983)와 구별하지 않은 경우도 있었다(김혜숙, 1994).

환경적 차원으로 고려된 구성요인은 교사들의 과업, 업무집단, 학교조직 내의 규칙과 절차 등이었다. 환경이란 조직에 영향을 주는 내적·외적 요소라고 할 수 있을 것이다. 학교조직에서 환경요인은 내적 요인과 외적 요인으로 구분할 수 있는데, 내적 요인은 학교조직에서 교사들이 교육활동을 수행하는 과정에서 학생, 교사 및 직원들에게 직·간접적으로 자극, 영향, 압력 등을 미치는 모든 내부의 조건을 말한다. 그 구성요인으로는 학교의 시설이나 설비, 교육방침, 교장의 리더십, 인간관계 등이었다.

반면에, 환경의 외적 요인은 학교조직에서 교육활동을 수행하는 과정에서 학생, 교사 및 직원들에게 직·간접적으로 자극, 영향, 압력 등을 미치는 모든 외부의 조건을 말한다. 그 구성요인으로는 육성회, 동창회, 학부모의 사회경제적 지위 등을 들 수 있다(조남두, 1992: 104). 학교 상황에 대한 대부분의 선행연구들은 환경의 구성요인을 교사들의 직무와 관련된 내적 요인을 학교환경 요인으로 보고, 이것에 대한 연구가 주로 이루어졌다.

본 연구에서는 문헌연구와 현장연구에서 나타난 학교 상황의 구성요인들에 서로 어떤 차이가 있는지를 살펴보았다. 그 결과, 위의 학교조직 상황의 선행연구에서 나타난 구성요인과 뒤의 3장에서 자세하게 기술하게 될 현장연구(파일럿 연구와 전문가 집단의 연구)에서 나타난 학교조직 상황의 구성요인들이 다소 다른 점도 있었지만, 대체적으로 공통적인 요인들이 많은 것으로 나타났다. 그러므로 학교조직 상황의 구성요인에 대한 선행연구와 현장연구에서 공통적으로 나타난 학교조직의 상황의 구성요인들은 구성원 상호간의 인간관계 차원, 직무관계 차원, 학교풍토 차원 등 세 가지 차원으로 요약하여 나눌 수 있었다. 따라서 본 연구의 학교조직 상황 개념은 교장과 교사 간의 인간관계, 과업의 구조화, 학교풍토 등이 상호 결합된 분위기라 할 수 있을 것이다.

학교조직의 상황 차원에 따라 선행연구에서 나타난 구성요인들을 정리하면 <표 Ⅱ-2>과 같다.

<표 Ⅱ-2>선행연구에 나타난 상황 차원과 구성요인

연구자	상황 차원	구성요인
김혜숙(1994)	①조직특성 ②구성원의 특성 ③조직 환경	①조직의 과업구조, 직위권력, 조직 규모 ②구성원의 성숙도, 성취동기 ③교장－교사와의 거리감, 학교의 일반풍토
김두범(1990)	①교사의 직무성숙수준 ②교사의 심리적 성숙수준	
박형규(1988)	①과업관련 ②관계관련	①직무성숙도, 직무성과 ②심리적 성숙도, 교장－교사 간의 관계
김창걸(1983)	①교사의 성숙성 ②의사소통 ③직무특성	①교사들의 성취적 태도, 자아 개념적 태도, 책임감, 교사들의 심리성숙 및 자신감의 정도 ② 상급자와 교사들 간의 사이, 교사 상호간, 각 부서 간 등에서 의견이나 정보의 교환과정에서 소통방향, 정확성, 수용성, 신속성 ③기술 다양성, 과업 정체성, 과업 중요성, 자율성, 환류
노종희(1983)	①학교행정가와 교사들의 관계 ② 교사들의 통제소재 ③ 교사들의 업무수행능력에 대한 지각 ④교사와 행정가 사이의 위계적 권위관계 ⑤학교의 조직풍토 ⑥학교행정가와 교사들의 기대 ⑦교사들의 직무성숙과 심리적 성숙	
Fiedler(1967)	①지도자와 구성원 간의 관계 ②과업구조 ③지위권력	
Reddin(1970)	①기술 ②조직철학 ③상급자 ④동료 ⑤하급자	
House(1971)	①조직구성원의 특성 ② 환경적 조건	①조직구성원의 통제의 소재 ②교사들의 과업, 업무집단, 학교조직 내의 규칙과 절차
Hersy & Blanchard(1977)	부하의 성숙도	

2) 학교조직 상황의 구성요인

　본 연구에서는 학교조직 상황의 구성요인들을 문헌에 의해 도출하기보다는 학교 현장의 교사들이 인식하고 있는 학교조직 내의 상황의 구성요인들이 무엇인가를 밝혀서, 학교장의 도덕적 지도성이 학교조직의 상황의 구성요인들의 조합 정도에 따라 학교조직의 효과성에 어떠한 영향을 주는지를 살피는 것이 주요한 목적이었다. 그러한 목적에 따라 각 차원의 구성요인들을 선정하는 방법은 현장조사에 의한 학교조직 상황의 구성요인 선정 절차에 따랐다.

　그 현장조사의 결과 첫째, 구성원의 인간관계 차원에서는 교장과 교사 상호간의 인간관계와 교사 상호간의 인간관계를 합한 인간관계를 대표 구성요인으로 선정하였다. 둘째, 직무관계 차원에서는 과업의 구조화를 대표 구성요인으로 선정하였고, 셋째, 풍토 차원에서는 수업 지향적 분위기와 개방적 분위기를 합한 학교풍토를 대표 구성요인으로 선정하였다. 이들에 대한 구체적인 내용을 살펴보면 다음과 같다.

(1) 인간관계

　인간관계에 대한 초기 연구인 Hawthorne의 실험에서 생산능률은 작업조건뿐만 아니라 종업원의 태도나 정서 등에 따라 크게 좌우하게 되었다. 즉 조직의 종업원들은 기술적인 과정에 의한 상호관계뿐만 아니라 종업원 상호간의 인간적인 결합이 중요하였다.

Maslow의 욕구 단계설에서는 상위 단계인 존중욕구가 인간행동에 주요 동기요인이 되고(Hoy & Miskel 재인용, 1987: 169-171), Herzberg의 동기·위생이론에서는 직무만족을 주는 동기요인으로 인정받음, 상사 또는 동료와의 인간관계 등을 포함하고 있다(Hoy & Miskel 재인용, 1987: 173-175).

리더십은 조직구성원의 행동을 통제하거나 영향력을 행사하는 과정이므로 리더가 자신의 부하들로부터 존경과 신뢰를 받고, 부하들도 리더에게 가치를 인정받게 되는 인간관계가 형성되면, 리더는 분명하고 용이한 영향력 행사가 가능하게 되어 리더십의 성과는 증대할 것이다. 또한 리더와 부하의 관계가 좋으면 리더가 부하들의 충성심을 걱정하지 않아도 되는 좋은 상황이 전개되어 리더가 강한 권한과 통제력을 갖고 있는 것과 같으며, 이런 상황하에서는 리더가 공식적인 권한을 행사하거나 규칙, 지휘체계를 통하지 않고서도 리더십의 성과를 제고시킬 수 있을 것이다. 결국 리더와 구성원 간의 인간관계는 조직 효과성에 중요한 요인으로 작용하게 된다.

이강선(1991)은 리더와 구성원 간의 관계가 긴밀하면 리더가 처벌과 보상이라는 일반적 통제 형식에 의존하지 않아도 집단구성원들은 리더의 지시와 통제에 따르게 된다고 하였다. 즉 집단구성원의 지지와 협력을 얻게 되면 리더의 상황 호의성이 높아지게 되고, 이때에 다른 상황의 요인들이 비록 리더에게 불리하게 작용하더라도 상황의 호의성은 높은 상태를 유지한다는 것이다.

박연호(1984)는 다른 조직보다 학교조직의 인간관계가 더 중요한 이유는 학교행정의 과정에서 행정가와 교사 간, 교사 상호간, 교사와 학생 간, 교사와 행정실 직원 간의 인간관계 등이 학교교육의 효과성에 많은 영향을 주기 때문이라고 하였다. 이러한 관점에서 인간관계 요인에 대한 구체적인 내용을 살펴보면 다음과 같다.

인간관계의 첫 번째 구성요인인 학교장과 교사 상호간의 인간관계에 대해 살펴본다. 국가적 교육행정체계에 있어서 학교장은 계선조직상 수직적 계열을 갖는 명령계통의 중간에 서서 상부에서 하달된 지시를 교사에게 전달하고, 반면에 교사의 요구를 상부에 반영하는 중재적인 역할을 담당하고 있다(김성렬 외, 1998). 또한 학교장은 학교의 목표와 정책, 학교 상황, 교사에게 요구되는 역할과 기대 등을 구체적으로 전달하고, 공식적·비공식적인 인간관계, 교사들의 욕구성향 등의 학교 상황을 자세히 파악하고 이해하여 이를 학교 운영에 반영하도록 노력할 것이다. 학교장의 이러한 역할은 학교조직의 불만족스러운 요소를 제거하고 동료 간의 원만한 인간관계의 형성뿐만 아니라 학교조직의 상황을 파악하는 데 매우 중요하다.

특히, 좋은 학교 분위기나 교사의 교직에 대한 만족감은 학교장의 인간관계 기술에 의하여 크게 좌우된다. 즉 교사들이 교직에 만족을 느끼느냐 불만을 가지느냐는 다른 어떤 요인보다도 학교장과 교사 간의 인간관계 여하에 의하여 크게 결정되어(박용헌, 1985), 학교의 질적 수준이 달라진다.

교장과 교사 상호간의 원만한 인간관계를 형성하기 위해서는 전제적인 관계가 아니라 상호 존중하는 관계로서 교장은 교사들과 같이 학교 정책을 계획하고 실천, 반성하는 동반자적인 관계가 되어야 한다. 특히, 학교장은 학교 현장에서 직면하는 여러 가지 문제를 해결하기 위해서 먼저 교사들과 친숙한 인간관계가 되어야 가능하다는 것을 알아야 한다. 그러므로 양방은 일방적인 상하관계가 아니라 상호 존중하고 협조하는 인간관계가 되어야 한다. 결국 학교조직에서 훌륭한 인간관계는 선의, 상호존중, 존엄성과 가치에 대한 신뢰의 바탕 위에서 형성된다(한국교육행정학회, 2003).

Fiedler의 컨틴전시 모델에서도 조직의 가장 유리한 상황은 리더-구성원 간의 관계가 좋고, 내용이 뚜렷이 명시된 과업과 강한 지위권력이 있는 리더십 상황이다. 사실 교사들은 계산적인 보상에 의한 만족보다는 심리적인 보상에 의한 만족에 더 중요한 의의를 두고 있다(Greenfield, 1995). 그러므로 교사들은 인간관계에서 자신의 가치를 인정받는 인격적인 보상을 통해 교직에 대한 자부심과 긍지를 더 높일 수 있을 것이다.

마찬가지로, 교사들도 교장의 권위를 인정하고 학교 정책에 협조하는 태도를 가져야 상호 존중의 관계를 유지할 수 있다는 인식이 필요하다. 만약 교사들의 가치 존중에 대한 요구가 일방적인 경우는 상호 존중의 태도가 아닌 이기심에서 나오는 것이므로, 먼저 교사로서의 사명감과 책임감을 가지고 그 의무를 다하도록 노력해야 한다.

권기호(1990)는 교장과 교사 간의 인간관계를 저해하는 요인으로는 교장의 관료적이고 전제적인 운영방침, 교장과의 의사교환 기회부족, 교사와 교장 간의 세대차에 의한 견해차, 학급경영에 대한 지나친 간섭 등을 제시하였다.

요컨대, 교장과 교사의 상호 원만한 인간관계를 형성하기 위해 교장은 교사와의 친밀한 인간관계를 통하여 동료의식을 높이고, 교사들의 능력과 가치를 존중하며, 마찬가지로 교사들도 교장의 권위를 인정하고, 교장의 학교 정책에 협조하면서 주어진 임무에 성실히 임해야 한다. 따라서 교장과 교사 상호간의 인간관계의 개념은 학교장은 교사들의 가치를 존중하고, 상호 친밀한 관계를 유지하며 교사는 학교장의 권위를 인정하고 학교 정책에 협조하는 관계라고 정의할 수 있다.

둘째, 교사 상호간의 인간관계이다. 교사집단의 사회관계는 대인적인 관계로 학교생활에서 중요한 요소로 작용한다. 특히 교사 상호간의 원만한 인간관계는 학교생활의 만족과 관계하며, 학생들과의 관계에도 밀접한 영향을 준다.

교사집단의 사회관계 중의 중요한 하나는 비형식적으로 모임을 가지는 소집단일 것이다. 이 소집단은 연령, 성, 가르치는 학년, 과목, 직위, 출신지방, 출신학교, 거주지 및 취미 등에 따라 다양하게 형성될 수 있다. 특히 우리 문화에서는 연공제도에 의해 연장자가 교사 동료 간의 지도자가 되어 교사들의 의견을 교장에게 전달하는 역할을 한다. 그러므로 연령이나 경험의 정도가 교사 상호간의 인간관계에 우열을 형성하여 역할이나 과업을 수행하는 행동에 영향을 줄 수 있다.

강옥순(1999)에 의하면, 교사 상호간의 원만한 인간관계를 형성하기 위해서는 무엇보다도 교사 간의 존경심을 가지고 교만함을 버려야 하고, 상호 협조 정신을 발휘하고, 상호간의 너그러운 태도와 신뢰감을 가져야 하며, 친목회를 효율적으로 운영하며, 화제의 건전성과 명랑성이 요구되며, 동인관계가 생기는 것은 자연적인 일이나 그

것을 공적인 문제해결과정의 발판으로 삼아서는 안 되며, 학생 앞에서 교사를 평가해서는 안 되며, 충분한 의사소통으로 문제를 해결하는 노력을 해야 한다는 것이다. 즉 교사 상호간은 존경과 친밀한 협조, 신뢰를 유지하면서 원활한 의사소통을 통해 학교문제를 해결하도록 노력해야 한다는 것이다.

따라서 교사 상호간의 원만한 관계가 유지되면 학교 운영에 긍정적인 영향을 주며, 학교조직의 풍토를 건설적으로 조성하는 데 큰 도움이 될 것이다. 반면에 그렇지 못한 학교는 교사 상호간의 의사소통이 원활하지 못하고 상호 존중이 무시되며, 상호 비방이 있고, 비효율적인 경쟁의식이 발생하는 등, 학교교육을 저해하는 결과를 초래할 것이다.

권기호(1990)는 교사 간의 인간관계를 형성하는 중요한 요인으로 사명감, 상호간의 너그러운 태도, 신뢰감, 사생활에 대한 무간섭 및 무비방, 남녀 존중 등을 제시하였고, 교사 상호간의 인간관계를 저해하는 요인으로 세대차에 대한 가치관과 견해차, 직무과중으로 친근하게 접촉할 기회 부족, 자신을 과시하거나 독선적인 태도, 상사에게 잘 보이려는 경쟁의식 등을 들었다.

요컨대, 교사 간의 인간관계는 상호를 존중하고 협조하면서 문제가 발생할 때는 적절한 의사소통을 통하여 해결하는 화기애애한 관계라고 할 수 있다. 따라서 교사 상호간의 인간관계 개념은 교사 간의 이기적인 행동을 버리고, 상호 협조하며, 비공식적인 활동을 통해 서로의 공감대를 형성하고, 충분한 의사소통으로 문제를 해결하는 신뢰적인 관계라고 정의할 수 있다.

학교장과 교사 간의 인간관계와 교사 간의 인간관계를 결합한 학교조직의 인간관계 개념은 학교장이 교사의 의견이나 가치를 존중하며, 교사는 교장의 권위를 인정하고, 교사 상호간은 협조하고, 학교문제는 원활한 의사소통을 통해서 해결하는 합리적인 인간관계라고 할 수 있다. 그 구성요인으로는 ① 교사의 가치존중, ② 학교장의 권위인정, ③ 교사 상호간 친밀한 협조, ④ 교사 간의 원활한 의사소통 등으로 설정하였다.

(2) 과업의 구조화

여기서 과업의 구조화는 과업의 능률성과 명확한 과업의 목표 명시 및 명확한 과업수행의 달성방법 등을 구성요인으로 선정하였다. 그 이유는 대부분의 선행연구들이 Fiedler(1967)의 과업 구조화 개념을 구성요인으로 사용하고 있기 때문에 본 연구에서도 이것들을 구성요인으로 선정하였다. 이에 대한 구체적인 내용을 살펴보면 다음과 같다.

첫째, 과업의 능률성이다. 업무의 능률성은 경제성이라는 말로도 표현할 수 있을 것이다. 능률은 투입과 산출의 비에 의해 측정된다(이영창, 1989). 즉, 능률성은 가능한 적은 자원, 노력, 시간, 에너지를 들여 가능한 최대의 서비스와 성과를 달성하는 것을 의미한다. 이러한 의미에서 보면 능률성이라는 것은 엄밀하고 획일적인 업무의 집행이라는 뜻을 포함한다.

19세기 말 미국의 사기업의 능률화를 위해 Taylor를 중심으로 시작한 과학적 관리운동은 노동자의 시간과 운동을 보다 엄밀하게 체계적으로 측정·분석하여 가장 과학적이고 능률적인 최선의 작업방법을 모색하였다. 즉 업무의 능률화는 최소의 시간과 비용으로 작업에 최대의 성과를 올리는 업무의 과학화라고도 할 수 있다. 따라서 과업의 능률성의 개념은 업무처리가 신속하며 경제성이 발휘되는 것이라 정의할 수 있다.

조직의 능률성을 높이기 위해서는 과업의 목표와 절차, 수행방법, 평가 등이 간결하고 구체적으로 명시되어 있어서, 누구나 과업의 목표를 효율적으로 수행할 수 있도록 해야 한다. 그러므로 무엇보다도, 복잡한 과업을 간결하고 분명하게 구조화하는 것이 선결문제이다. 따라서 업무의 능률화 또는 업무의 과학화, 그리고 과업의 구조화는 과업을 수행하는 방식을 고려해 볼 때, 각각을 다른 의미가 아닌 서로 유기적으로 상호작용하는 의미로 보아야 할 것이다.

둘째, 명확한 과업의 목표 명시 및 명확한 과업수행의 달성방법이다. 조직의 리더가 직면하게 될 상황에서 리더가 목표한 과업을 달성해야 하는 과업의 구조화 정도를 파악하는 것은 리더의 수행에 있어서 중요한 문제이다. 조직과업의 목표와 그 수행방법이 명확하게 명시되어 있다는 것은 조직의 지도자가 조직 목표를 성공적으로 수행할 수 있는 조건이 마련되었다고 해도 과언이 아니다.

컨틴전시 모델에서 과업의 구조화는 과업의 목표, 달성방법, 성과기준 등이 분명하게 명시되어 있는 정도를 말한다(Fiedler, 1967). 명확하게 규정되어 있지 않은 과업, 즉 과업의 구조가 단순하지 않고 복잡한 구조는 불확실성을 유발하고 리더의 상황통제를 어렵게 만든다. 조직의 리더가 무엇을 어떻게 해야 할지를 모르면서 과업의 성공 여부를 예측한다는 것은 거의 불가능하게 되어, 결국 리더의 통제력과 영향력을 감소될 것이다.

Fiedler(1967)의 컨틴전시 모델에서 지도자에게 가장 불리한 상황은 지도자와-구성원 간의 관계가 나쁘고 과업의 구조화가 낮고, 리더의 지위권력이 낮을 경우이고, 가장 유리한 상황은 이들 세 요인들이 모두 높은 상황이다. 따라서 업무에 대한 명확한 목표, 명료한 작업절차, 작업수행방법의 과업의 구조화가 이루어지면 리더는 성과를 통제할 수 있을 것이다.

Northouse(2001)는 과업의 구조화의 정도를 ① 과업내용이 분명하게 기술되어 있고 그 일을 수행하는 구성원들이 그것을 잘 이해하고 있으며, ② 과업완성에 대한 방법이 몇 가지 정도로 단순하며, ③ 과업완성 모습이 명확하게 표시되어 있고, ④ 과업에 대한 해결책이 여러 가지가 아니고 한정되어 있는 경우라고 제시하였다. 즉 과업의 구조화는 과업의 목표나 수행과정 및 방법을 분명히 제시함으로써 조직에 효과성을 주는 과학적 유형화라고도 할 수 있다.

과업 구조화를 측정하기 위하여 Shaw는 과업분류에 대한 10차원을 4개 차원의 영역에서 접근하고 있다(Fiedler 재인용, 1967: 28). 그것들을 살펴보면, 첫째, 집단구성원들에게 과업 요건들이 언급되고 알려져 있는 정도를 측정하는 목표의 명료성이다. 실제로, 양질의 교육, 문제에 대한 강구책, 문제의 개선 등은 구체적인 목표나 기준 없이 많은 과업들이 할당되어 있는 경우가 있다. 무엇을 해야 할지 모르면 과업을 성공하기 어렵다. 둘째, 과업 달성을 위한 절차를 측정하는 목표-경로의 다양성이다. 만약, 어떤 업무가 단 한 가지 방법만으로 수행될 수 있거나 규정된 방법에만 따라야 한다면 그 과업은 성공하기 어렵다. 단순한 과업은 문제가 되지 않지만 학교과업은 복잡한 상황이 발생하는 경우가 많다. 셋째, 해결책의 특수성이다. 올바른 해결책이 하나 이상 얼마나 많은가 하는 정도를 측정한다. 넷째, 의사결정의 입증가능성으로 문제해결책이다. 즉 의사결정의 정확성이 통계 연보의 자료, 논리적 절차, 수학적 증명, 피드백, 결과의 평가 등에 의해 증명될 수 있는 정도를 말한다.

따라서 위의 내용들을 살펴볼 때, 명확한 과업목표의 명시의 개념은 업무에 대한 과업의 목표와 과정이 명확히 명시되어 있는 것을 말하며, 명확한 과업수행의 달성방법의 개념은 업무수행과정, 단계, 지침서, 달성시기 등이 명확하게 명시되어 있는 것이라고 정의할 수 있다.

위의 세 구성요인을 종합하여 살펴보면, 과업의 구조화의 개념은 과업에 대한 능률성을 고려하여 과업에 대한 명확한 목표 명시, 명확한 작업수행방법 등이 명시되어 있는 것이라고 정의할 수 있다. 그 구성요인을 정리하면 ① 과업의 능률성, ② 명확한 과업목표의 명시, ③ 명확한 과업수행의 달성방법 등이다.

(3) 학교풍토

여기서 학교풍토는 개방적 분위기와 수업 지향적 분위기를 종합한 것으로 본다. 이에 대한 구체적인 내용은 다음과 같다.

학교조직은 각 조직의 고유한 풍토를 가지고 있어(Kalis, 1980), 풍토 차이를 구체적으로 포착하기 어렵다(Cusick, 1973). 그래서 학교풍토에 대한 정의는 경험적이라기보다는 직관적이라고 할 수 있다(Anderson, 1982).

Miller(1981)는 학교풍토를 "교직원과 학생이 생활하는 환경"으로 보았고, Hoy와 Hannum(1997)은 "학교풍토는 한 학교를 다른 학교와 구별 짓게 하고 그 구성원들에게 영향을 미치는 일련의 내적 특성"이라고 정의하였다.

신중식(1990)은 학교풍토를 "학교조직의 공식적·비공식적 조직, 교직원들의 개성, 학교장의 지도성, 교장·교사 간의 상호작용 분위기 등 학교조직의 전반적인 내적 특성"이라고 정의하면서, 학교풍토는 한 학교가 가지는 교유한 특성임을 강조하였다.

학교풍토와 비슷한 말로 학교문화, 학교의 심리적 특징, 학교의 사회적 분위기 등의 용어가 있다. 그러나 각 용어 간의 구별은 명백하지 않으며, 일반적으로 '학교문화'라고 할 때에는 학교 내 구성원들이 공통적으로 가지는 신념이나 전통을 강조하는 경향이 있다(신중식, 1991). 보통 '학교의 심리적 특징'이라고 할 때에는 구성원들의 지각을 강조하는 경향이 있으며(서규선, 1989), '학교의 사회적 분위기'는 거의 학교풍토와 구별하지 않으나, 이는 학교조직 내 구성원들의 인간관계를 강조하는 경향이 있다(박용헌, 1985). 이러한 개념들에 대해서는 학교풍토의 개념이 모호한 것과 마찬가지로 그 범주가 명확하게 연구되지 않았다(박진민, 2002).

풍토와 문화는 정의가 불분명하고 서로 겹치는 면이 있지만 한 가지 차이점은 문화는 공유된 가정, 가치, 혹은 규범으로 구성되는 반면에, 풍토는 행동에 대한 공유된 인식의 관점에서 정의된다는 점이다. 풍토와 문화의 차이는 실질적인 것이며, 의미 있는 것일 수 있다(Hoy & Miskel, 2001). 따라서 풍토는 학교마다의 특징적인 분위기 정도로 이해할 수 있을 것이다.

Kottkamp 외는 학교풍토 요인에 대해 중·고등학교에서 개방성과 폐쇄성을 결정짓는 요인으로 교장의 행동특성과 교사의 행동특성을 들었고(Hoy & Miskel 재인용, 1987: 222−224), Halpin과 Croft(1963)는 조직풍토를 "조직의 성격"으로 정의하면서, 조직의 문화와 사회 체제에서 교장과 교사, 교사들 상호간의 사회적 상호작용에 대한 교장과 교사들의 지각을 측정하고자 하였다. 이를 측정하는 OCDQ는 자유방임, 장애, 사기, 친밀감, 초연성, 생산 강조, 추진성, 사려성 등 8개 요인이었다. 이 요인을 다시 개방적 풍토, 자율적 풍토, 통제적 풍토, 친교적 풍토, 간섭적 풍토, 폐쇄적 풍토 등 6가지 유형으로 나누었으나, 본 연구에서는 현장연구에서 나타난 개방적인 분위기만을 중심으로 살펴본다.

개방적인 분위기는 장애, 자유방임의 정도, 생산 강조, 초연성 등이 낮고, 친밀성이 있으며, 사기, 사려성, 추진성 등이 높은 특징을 갖는다(Halpin & Croft, 1966). 즉 교사들은 서로 우호적이며 친밀하여 직무만족이 높고, 교장은 높은 추진성과 교사에 대한 높은 배려를 가지고 있어, 자율적으로 통제가 가능한 분위기라고 할 수 있다. 또한 개방적인 분위기에서는 교사들의 직무만족이 높아서 교장의 추진성, 배려, 자율적 통제 등이 가능하다. 결과적으로 교장과 교사의 행동은 개방적이고 신뢰적이다. 교장은 교사에 대한 감시도 없고, 상호간에는 거리감도 없는 자율적인 분위기가 형성된다. 따라서 개방적 분위기하에서는 학교장-교사 간 목표 달성을 위한 협조가 잘되고, 교사 간에도 협력이 잘되고, 학교장은 교사들의 업무를 적극 지원해 준다고 볼 수 있다.

정종권(1987)의 조직풍토와 역할갈등과의 연구에서 개방적인 분위기가 역할갈등 및 역할 모호성을 낮게 하는 것으로 나타났다. 또한 교직의 혁신과 사기진작에도 개방적인 분위기에서 더 효과가 있고, 학교 구성원의 바람직한 인간관계와 높은 응집성이 개방적인 분위기에서 나타났다(Morocco, 1978). 그러나 개방적인 분위기와는 대조되는 폐쇄적인 분위기에서 학교장과 교사들은 소극적이며, 학교장은 사소하고 불필요한 일을 강조하고, 교사들은 마지못해 대응하고 만족감도 없다. 학교장은 생산을 강조하고, 냉담하고, 교사에 대한 배려도 부족하고 솔선수범에 대한 능력이나 의지도 박약하다. 그래서 교장의 이러한 태도는 교사의 무관심, 좌절을 초래하여 교사의 행동은 진실하지 못하다(Halpin & Croft, 1966). 결국 폐쇄적인 분위기의 학교장과 교사는 비전이나 만족이 없고 무기력하여 조직의 효과성을 기대하기 어렵다.

요컨대, 개방적인 분위기는 교장의 배려와 추진성이 높고, 교사의 자율성이 높아, 학교에 활기가 넘치는 역동적인 분위기라고 할 수 있다. 따라서 개방적인 분위기의 개념은 학교장이 교사들에게 배려와 추진성을 가지고 있으며, 교사들은 상호 우호적이면서 자율적인 분위기를 유지하여 조직의 효과성이 증대될 수 있는 활기찬 분위기라고 정의할 수 있다.

다음으로, 수업 지향적 분위기에 대한 내용을 구체적으로 살펴본다.

학교풍토에서는 구성원들의 상호 인간관계뿐만 아니라, 학교조직의 주요 목표인 수업 지향적 분위기 역시 학교풍토의 중요한 요인이라 할 수 있다.

Brookover 외(1978)는 그의 연구에서 초등학교의 수학과 읽기 성적을 종속변인으로 하였을 때, 수업 지향적 분위기와 학교의 사회적 구조가 두 과목 학업성취 변량의 약 80% 정도를 설명하여 준다고 하였다. 특히 수업 지향적 분위기에서 성공의 기대, 학습력에 대한 평가, 교사의 기대와 평가에 대한 학생들의 지각, 학생들에 대한 무력감 등이 학생의 특성 이상으로 학생 성취의 격차를 낮게 한다는 사실을 알아냈다. 유사한 연구로 Rutter (1984)는 런던 시내 12개 고등학교를 5년간에 걸쳐 연구한 결과 학업성취, 교내에서의 학생활동, 학생출결, 비행 등에 있어 학교 간에 많은 차이가 있음을 발견하고, 그 요인을 추정한 결과 학교의 수업 지향적 분위기가 이러한 차이의 중요한 결정요인임을 발견하였다.

또한 Krug(1990)도 교장이 학생들의 학업성취에 영향을 미치기 위해서는 학교조직의 구성원들의 의도적 노력에 의해 수업 지향적 분위기를 조성할 수 있다고 주장하면서, 수업 지향적 분위기가 학습동기를 유발하고, 넓게는 지역사회의 학교교육에 대한 태도 형성에 영향을 줄 수 있음을 강조하였다. 이러한 경험적인 선행연구들에서 학생들의 학업성취와 밀접한 관계가 있는 것으로 밝혀진 학교의 수업 지향적 분위기의 구성요소는 교사들이 학생에 대한 높은 기대라는 것이다. 즉 효과적인 학교에 대한 많은 연구들에서 학교의 교장과 교사들이 학생들에 대하여 높은 수준의 지적, 사회 행동적 성취 기대를 가지고 수업 지향적 분위기를 조성하는 것이 학교 전체의 성취와 밀접하게 관련되어 있음을 보여주었다.

또, 수업 지향적 분위기에 대한 긍정적 연구에 근거하여 McCurdy(1988)는 교장은 수업 지향적 분위기에 대해 기대되는 결과를 진술하고, 기대가 잘 진행되는지를 확인하고, 그에 대한 서비스를 확보하고, 교사의 수행실태를 파악하고, 그에 대한 달성 여부를 위해 피드백을 수행할 것을 제시하였다. 그러므로 학교 구성원 모두는 모든 학생들이 학업성취를 잘할 수 있다고 기대하고, 우수한 능력을 가지고 있다고 믿고, 학생들의 학업성취를 위해 책임을 다하는 수업 지향적 풍토를 조성하도록 노력해야 할 것이다. 따라서 수업 지향적 분위기의 개념은 교직원 모두가 학생들의 학업성취 향상을 위해 기대하는 수업 지향적인 분위기라고 정의할 수 있다.

위의 개방적 분위기와 수업 지향적 분위기를 합한 학교풍토의 개념은 학교장은 교사에 대해 높은 배려를 가지고, 교사들은 상호 우호적인 자율적 관계를 유지하면서, 교직원 모두가 학생들의 학업성취를 기대하는 수업 지향적 분위기라고 정의할 수 있다. 그 구성요인으로는 ① 교사의 자율성, ② 교장의 배려, ③ 교사의 수업 지향성 등으로 선정하였다. 지금까지 살펴본 학교조직 상황의 구성 차원에 대한 요인들을 정리하면 다음과 같다.

〈표 Ⅱ-3〉 학교조직 상황의 구성 차원과 요인

학교조직 상황의 구성 차원	인간관계 학교장이 교사의 의견이나 가치를 존중하며, 교사는 교장의 권위를 인정하고, 교사 상호간은 협조하고, 학교문제는 의사소통을 통해서 해결하는 합리적인 인간관계를 나타내는 정도	과업의 구조화 과업에 대한 능률성을 고려하여 과업에 대한 명확한 목표 명시, 명확한 작업수행방법 등이 명시되어 있는 정도	학교풍토 학교장은 교사에 대해 높은 배려를 가지고, 교사들은 상호 우호적인 자율적 관계를 유지하면서, 교직원 모두가 학생들의 학업성취를 기대하는 수업지향적 분위기 정도
구성요인	**교사의 가치존중** 학교장이 교사의 의견을 존중하고, 교사의 능력을 인정하는 정도 **학교장의 권위인정** 교사들이 학교장의 교육정책에 협조하고, 학교장의 지시에 따르는 정도 **교사 상호간 친밀한 협조** 교사 상호간에 친밀하며 신뢰하는 정도 **교사 간의 원활한 의사소통** 수업이나 문제의 해결을 위해 대화를 하는 정도	**과업의 능률성** 업무처리가 신속하며 경제성이 발휘되는 정도 **명확한 과업목표의 명시** 과업목표와 과정이 명시되어 있는 정도 **명확한 과업수행의 달성방법** 업무수행과정, 단계, 지침서, 완성시기 등이 명확하게 명시되어 있는 정도	**교사의 자율성** 학교장이 교사의 교육활동에 대해 자율성을 갖도록 하는 분위기 정도 **교장의 배려** 학교장이 교사에게 업무를 지원하며, 교사의 어려움을 배려하는 정도 **교사의 수업 지향성** 학생의 학업성취 향상을 위한 교사의 수업 지향적인 정도

3. 학교조직의 효과성

본 연구의 학교조직 효과성을 인식하기 위해 조직 효과성에 대한 이론을 고찰하고, 이를 통하여 학교조직 효과성을 구성하는 요인을 구안하였다.

1) 조직 효과성 이론

조직 효과성을 인식하는 시각은 매우 다양하다. 선행연구에서는 조직 효과성을 어떻게 정의하고 있는지 살펴본다.

Mott(1972: 17)는 "조직 효과성은 조직이 행동, 생산 및 적응하기 위해 조직력을 발휘하는 것"이라고 보고, 효과적인 조직은 그렇지 못한 조직보다도 더 많은 생산, 고품질의 생산, 그리고 조직 내부 및 외부환경의 압력에 대해 적절하게 대응한다고 보았고, Hoy와 Miskel(1996: 41)은 "학교조직 효과성은 단순한 차원의 개념이 아니라 학교나 조직이 그것을 사용하는 준거에 따라 다르게 평가되는 것으로 각각의 그 평가기준이 다르기 때문에 단편적으로 정의될 수 없고 측정될 수도 없다" 하였다.

또한, 김창걸(1983: 20-21)은 "학교조직 효과성이란 교사에게 초점을 두어 학교조직 효과성을 교직원들이 만족스러운 상태에서 노력을 하며 조직이 환경에 적응해 가면서 교육적 성과를 확보하는 것"

이라고 하였고, 김동춘(1997: 38)은 "학교조직 효과성을 교사들이 만족스러운 상태에서 외부환경의 변화와 요구에 적응해 가면서 강한 헌신성을 느끼며 교육기관의 교육목표를 달성하는 정도를 의미한다"고 하였다. 백승관(1992: 10)은 "학교조직 효과성을 목표 달성, 조직 자체의 유지, 외부환경에의 적응이라는 3가지 활동을 어느 정도 수행했는가를 평가하는 개념으로, 단기적인 측면에서는 조직의 목표 달성 정도를, 장기적인 측면에는 조직의 유지나 생존과 관련된 능력 및 외부환경에의 적응 등을 평가하는 다차원적 개념"으로 정의하였다.

신재흡(2000: 31)도 "학교조직 효과성은 학교조직구성원들이 과업을 수행해 가는 과정에서 내, 외적 욕구가 충족되어 학교생활에 긍정적인 감정 상태에 도달하여 직무에 강한 애착을 가지며, 학교조직의 대내외적 환경 변화에 어느 정도 신축성 있게 대응하는 조직적응성 및 조직구성원들의 효율성을 높이기 위하여 학교조직의 기능 및 제반 지원에 대한 구성원들의 지각 정도"로 정의하였고, 김필녀(2003: 11)는 "학교조직의 효과성은 학교가 추구하고자 하는 교육목적을 성공적으로 성취하기 위하여 조직구성원이 변화하는 학교환경에 잘 적응하는 것을 말한다. 또한 학생들이 지적, 정의적, 신체적 제 측면에서 골고루 발달을 가져오고, 구성원들이 교직에 대한 만족감을 갖고 학교생활을 할 수 있는 것"이라고 정의하였다.

위의 선행연구들에서 나타난 바와 같이 조직 효과성의 개념이 다양하다. 그 특성을 정리하여 살펴보면 첫째, 효과성에 대한 구성개념의 성격이 강하다. 즉 그 구성개념은 객관적인 관념이기보다는 추상적인 것으로 총체적인 의미의 것이 되지 못한다(Campbell, 1976: 30

-32). 둘째, 조직 효과성이 다차원적인 면을 가지고 있는 것으로 보아, 이는 조직관과 관계하는 것으로 보인다. 이것은 조직의 다양한 활동영역과도 관계하는 것으로 보인다. 그러므로 조직의 효과성에 대한 개념은 보는 시각에 따라 분류기준이 다르고(조석준, 1985: 20), 조직의 본질과 목표에 대한 개념이 모호하고 다양하기 때문에 조직 효과성을 개념화하는 방식이 학자에 따라 다를 수밖에 없다. 그러나 조직은 조직 나름대로의 목표를 가지고 있기 때문에 그 달성 여부를 확인하는 작업은 중요한 일이다. 그 작업에 관계하는 부분이 바로 조직 효과성에 대한 판단부분이다(정재욱, 1991: 10).

특히, 조직 효과성의 개념을 파악하는 데는 각자의 조직목표에 대한 조직관이 영향을 미치게 된다. 그 조직의 목표는 유·무형적 목표, 또는 상·하위 목표 등으로 그 유형을 다원화할 수 있으며, 또한 동태적인 성격을 띠면서 변화한다(김규정, 1988: 315). 그러므로 조직 효과성 개념이 통일성이나 한정성(determinancy)을 가지기 어렵기 때문에 그 정의가 다양할 수밖에 없다. 따라서 조직 효과성에 대한 연구결과의 상호간에는 비교할 수 없는 보편적인 기준이 거의 없다(Cameron, 1978: 604). 그러나 여기서는 본 연구의 개념 준거를 위한 다양한 모형들의 특성들을 살펴보고, 그 모형을 근거로 하여 본 연구의 학교조직 효과성을 인식하는 데 활용하기로 한다. 그 모형에 대한 구체적인 내용을 살펴보면 다음과 같다.

첫째, 목표 모형이다. 이 접근은 합리적, 기계적 모형의 시각으로 조직목표 자체가 조직의 성공 여부를 판단하는 절대적인 기준으로 삼는 입장이다. 조직목표의 수준, 발전단계, 그리고 공식성의 입장에서 차이가 날 수 있으므로 목표를 평가할 수 있는 보편적인 지표 개발에 중점을 둔다. 그러므로 조직의 상위목표에 대한 지표로서 이윤, 비용절감 등이 제시되고, 하위목표로는 이직률, 생산량, 생산품의 질 등이 제시된다(조석준, 1985).

그러나 목표 모형은 실제로 적용하는 데 있어서, 목표만을 조직 효과성에 유일한 판단기준으로 삼는 것은 조직에 대한 편향적인 시각이 될 수도 있다. 그 이유는 목표 모형이 다음과 같이 몇 가지 제약점이 다르기 때문이다(정재욱, 1991: 17). 즉, ① 조직의 목표 다양성이다. 특정 조직의 공식적 목표만을 표현하는 데는 어려움이 있다는 것이다. ② 단일적·공식적 목표는 특정인이나 기능 선호 및 가치에 편중되기 쉽다는 것이다. ③ 조직목표란 규범적인 수준에 머물기 쉽기 때문에 구체적, 경험적, 기술적 수준으로 객관화시켰을 때는 목표의 의미가 달라질 수 있다는 것이다. ④ 시간의 변화에 따른 조직의 성장, 발전의 모습과 이에 상응한 목표의 변화를 인식하지 못하고 정태적인 입장에 머문다는 것이다.

따라서 목표 모형은 목표 그 자체가 조직 효과성의 평가기준이 되는 장점을 가지고 있으나, 지나치게 결과를 강조하는 목표 지향적 접근이어서 과정을 소홀히 할 수 있는 단점을 가지고 있다.

둘째, 체제 모형이다. 이 모형은 조직을 폐쇄적이며 자기완성적인 단위로 인식하지만 서서히 일반 체제론이 대두됨에 따라 개방체제로 바뀌었다. 이것은 조직을 상호 의존적인 관계로 인식하게 만들었다. 이러한 인식의 변화는 조직의 목표나 효과성에 대한 인식을 변화시켰다.

Katz와 Kahn(1966: 166)의 체제 모형은 단기적인 관점에서 모든 투입을 산출로 환원하고 조직구성원과 외부 집단의 관계 속에서 조직의 수익을 최대화시켜야 한다. 그러나 장기적인 차원에서는 일부 에너지를 기술개발이나 성장으로 전환시켜 환경을 통제하거나 환경에 적응하면서 조직의 존속력을 높여야 하기 때문에 외부집단과 조직구성원들의 각종 교섭을 나타내는 정책적 효과성의 효과를 매우 높게 한다.

일반적으로 체제 모형은 조직의 효과성을 조직이 처한 환경 내의 타 사회 조직과의 경쟁관계에서 필요한 희소자원을 획득하여 활용하고 자신의 기능을 유지해 가는 능력으로 인식한다. 즉 조직은 환경과의 교환 및 경쟁관계를 갖게 되고 이 속에서 각종 자원을 획득하므로 조직 효과성은 자원의 조달 또는 획득으로 이해될 수 있다. 지표는 자원 획득 및 자원 활용 분야에서 모색된다.

그러나 체제 모형은 추상적인 목표 대신 수단이나 과정, 교환을 강조하여 목표 모형의 단점을 보완하지만 자원이나 과정도 조직목표에 의한 것이므로 자원과 과정은 목표에 대한 일부로 볼 수 있다. 또 자원의 획득과 활용을 조직 효과성 지표로 볼 때도 그 자원의 성격 및 대상에 대한 합의가 부족하다는 한계점을 가지고 있다.

셋째, 내부과정 모형이다. 이 모형에 대해 Steers(1977: 7)는 효과성에 대한 많은 난제들을 최소화하는 방법은 조직의 최종 상태에서 조직 효과성을 찾지 않고 조직과정상에서 각 관계를 찾는 것이라고 하였다. 즉 효과성 연구에서 조직의 선호관계를 분명히 하고, 각종 요구를 인지하여 의사결정을 내리는 일련의 조직과정을 고려해야 한다는 것이다.

그러나 과정 자체는 최종 결과로 나타나는 것이기 때문에 무엇을 과정으로 보고, 효과성을 파악할 것인지에 대한 합의가 없고 그 기준이 모호하다. 따라서 내부과정 모형은 목표 모형과는 반대로 지나치게 과정을 강조하므로 조직 효과성과의 구별을 어렵게 하여 최종적인 성과가 무엇인지를 어렵게 하는 단점을 가지고 있으나, 과정에서 나타나는 단점들을 보완하는 장점을 가지고 있다.

넷째, 다원적 접근 모형이다. 이 모형은 위에서 언급한 모형들이 점차적으로 통합된 모형이다. Bass(1952: 157-168)는 종업원과 관리자가 효과성을 측정할 수 있는 기준으로 생산성, 수익의 정도, 종업원의 가치성향, 조직 및 구성원이 사회에 느끼는 가치 등이라고 주장한 것과, Campbell 외(1974: 232)가 목표 모형과 체제 모형은 상호보완적이라고 말한 다원적 접근 모형의 시각에서 효과성을 살펴보면, 조직의 효과성을 현실적으로 파악하기 위해서는 조직 목표의 내적, 외적 요소, 목표가 달성해 가는 과정이나 방법, 그리고 관계된 사람들과 같은 요인들이 함께 고려되어야 할 것이다.

요컨대, 제 모형들은 효과성을 인식하는 데 있어서 첫째, 구성원들의 가치나 요구에 관심을 두는 사람 중심인가, 조직의 생산성이나 과업성취에 대한 관심을 두는 조직 중심인가, 둘째, 수단과 목적의 강조점에 따라 과정 중심인가, 결과 중심인가에 대한 관심으로 구분할 수 있을 것이다. 결국 조직 효과성은 연구 목적에 따라 다양한 평가기준을 현실적으로 선택하여 실증적인 조사연구를 진행하는가의 문제이다. 즉 개념을 조작화하는 문제이다.

2) 학교조직 효과성의 구성요인

조직 효과성의 측정에서 가장 중요한 문제는 효과성의 차원을 무엇으로 결정하느냐와 그것을 측정하기 위한 구체적인 척도를 개발하는 것이다. 일반조직이론에서 초기의 조직 효과성 연구는 목표 모형에 따라 그 조직의 궁극적 목표가 되는 단일 차원을 평가준거로 하여 효과성 측정을 시도하여 왔다(김정호, 1999).

교육조직은 조직형태, 프로그램 등을 다양하게 하여 기본적으로 교육목적을 달성하려고 하나, 조직 효과성은 단시간에 나타나는 것이 아닌 다차원적이기 때문에 측정하기가 쉽지 않다. 그러나 학교조직 효과성에 대한 연구가 갖는 어려움과 제한적 가치를 지닌다고 해도 기존의 학교조직 효과성 연구를 비판적으로 검토하여 종속변인인 조직 효과성 자체의 문제점을 추출하고 이를 해결하려는 노력이 필요하다.

학교조직 효과성의 측정준거를 인식하는 데는 다양한 시각이 있으나, 본 연구자의 관점에서 선행연구자들의 측정 내용의 강조점에 따라 대체적으로 네 가지의 차원으로 나눌 수 있다.

첫째, 사람 중심적 차원이다. 그 측정 내용은 조직구성원들의 심리적, 정의적 만족 정도를 측정하고 있다. 예를 들면, Miskel 외(1979)는 평가기준의 지각된 효과성으로 학교의 생산성, 적응성, 융통성, 교직원의 충성심, 직무만족 등 5가지 변인을 제시하였다. 이러한 평가방식은 학교조직 효과성을 목적 차원이나 사회적인 차원보다는 조직구성원들의 심리적 차원을 강조하는 경향으로 보인다. Miskel 외 (1983)의 연구에서도 학교조직 효과성을 교수, 학습 및 특별활동에서의 다양한 산출과 효용을 생성하는 과정의 결과라고 정의하고, 그 측정준거를 생산성, 적응성, 융통성, 교사의 직무만족도, 학생들의 학교에 대한 태도 등 5가지 변인을 제시하였다. 이는 주로 조직구성원들의 정의적이고 심리적 차원을 측정에 중점을 두는 것으로 보인다. 또한 곽영환(1997)은 지방자치단체의 중간 관리층을 대상으로 한 행정조직 측면의 조직 효과성 측정 준거를 직무만족, 조직몰입, 자발적 참여 행태를 선정한 이유로 공급부분에서는 생산성, 자원획득과 같은 효과성 지표에 대한 자료의 획득이 쉽지 않은 반면 직무만족, 조직몰입, 자발적 참여 행태는 비교적 측정이 용이하고 이들 지표는 개인의 업무성과와 나아가서 조직성과에 중요한 영향을 미치는 요인으로 보았다.

둘째, 사람과 조직 중심적 차원이다. 그 측정내용은 조직구성원들의 직무성과와 심리적 만족 등이다. 예를 들면, 김창걸(1983: 51-53)은 학교조직 효과성의 측정준거로 교사의 직무만족도, 직무성과, 조직의 적응 등 3가지 변인을 제시하였고, 학교설립 측면에서 직무만족변인은 공립학교가 사립학교보다 높은 인식을 나타냈으며, 경력별에서는 직무만족과 조직적응변인은 경력이 높은 교사일수록 평균값이 나타났음을 보여주었다. 조직의 목적 차원과 구성원들의 심리적 차원을 측정 중심에 두고 있다. 김동춘(1997: 52)도 측정대상을 교사로 선정하여 교사의 지각을 통해 유아기관의 조직 효과성을 파악하였으며, 그 측정준거로 조직적응성, 직무만족, 직무성과, 조직헌신성 등을 선정하였다. 이는 효과성의 인식 정도가 직무만족이나 헌신성과 같은 심리적인 측면을 조직성과 측면보다 중요시하는 경향이 보인다. 또한 신재흡(2000: 31-43)은 측정준거로 직무만족, 조직적응성, 조직생산성을 제시하였다. 이는 효과성의 인식의 정도가 단순화된 정형적인 측정방식으로 보인다. 주로 조직의 직무 차원과 조직구성원의 심리적 차원을 측정하는 데 중점을 두었다. 도덕적 지도성에 대한 연구를 수행한 김필녀(2003: 58-63)는 측정준거로 적응성, 생산성, 직무만족 등 3가지 변인을 제시하였다. 이는 조직구성원의 심리적 차원과 조직의 성과 차원에서 효과성을 측정하는 데 중점을 둔 것으로 본다.

셋째, 과정 중심적 차원이다. 그 측정내용은 조직구성원들의 업무수행과정이나 절차 등이다. 예를 들면, Cruiokshank(1983)는 학교조직 효과성을 결정하는 요인으로 학교장의 지도성, 교사의 특성, 학교풍토, 교육과정의 정기적 점검, 교사들의 상호작용, 빈번한 학생평가, 교수-학습방법, 학부모와의 의사소통 개발, 현직 교육과 교직원 회의, 학교 및 교사의 의도에 관한 학생들의 동의 등 10가지 변인을 제시하였다. 그의 연구는 학생들의 학업성취와 관련되어 있는 학교내, 외적 제 특성, 학교경영의 형태와 학교장의 특성, 학급경영의 형태, 교사의 제 특성, 학습풍토, 교육자원의 분배방식, 교수-학습방법의 차이 분석에 중점을 두었다. 백승관(1992: 51-53)도 학교조직 효과성 측정준거로 다차원적인 핵심준거요소인 교육결과영역과 조직운영체제영역으로 분류하여 교육결과 구성요인으로 학생의 학업 성취도 및 인성적 성장, 조직운영체제 영역의 구성요인으로 행정가의 지도성 및 의사결정체제, 교사의 전문성 신장, 지역사회의 신뢰도 등을 제시하였다.

넷째, 사람, 조직, 과정, 가치 등의 종합적 차원이다. 그 측정내용은 조직구성원의 직무성과, 직무과정, 심리적 만족, 도덕성 등이다. 예를 들면, Steers(1977)는 17명의 연구자 모형의 평가기준을 조사하여 각 연구 모형에서 사용된 효과성의 평가자료, 활용된 모형, 일반화 가능성, 사용된 지표의 선택근거를 통해 15개의 평가기준을 빈도수가 많은 것을 효과성 평가로 제시하고, 조직 효과성 변인으로 적응성, 융통성, 생산성, 직무만족 순으로 나타냈다. 대부분의 선행연구들의 조직 효과성 평가기준으로 Steers(1977)의 것을 사용하는 경향이 있는데, 이는 그의 평가지표가 객관적인 신뢰를 확보하고 있는 증거로 보인다.

지금까지 위에서 살펴본 선행연구자들의 학교조직 효과성의 측정 준거로 삼은 구성요인들을 정리하여 보면 아래 <표 Ⅱ-4>, Steers (1977)의 연구 <표 Ⅱ-5> 등과 같다.

번 호	연구자	구성요인
1	Miskel, Fevurly & Stewart(1979)	생산성, 적응성, 융통성, 교직원의 충성심, 직무만족
2	Miskel, McDonald & Bloom(1983)	생산성, 적응성, 융통성, 교사의 직무만족도, 학생들의 학교에 대한 태도
3	Cruiokshank(1983)	학교장의 지도성, 교사의 특성, 학교풍토, 교육과정의 정기적 점검, 교사들의 상호작용, 빈번한 학생평가, 교수-학습방법, 학부모와의 의사소통 개발, 현직 교육과 교직원 회의, 학교 및 교사의 의도에 관한 학생들의 동의
4	김창걸(1983)	교사의 직무만족도, 직무성과, 조직의 적응
5	김동춘(1997)	조직적응성, 직무만족, 직무성과, 조직헌신성
6	백승관(1992)	학생의 학업 성취도 및 인성적 성장, 행정가의 지도성 및 의사결정체제, 교사의 전문성 신장, 지역사회의 신뢰도
7	곽영환(1997)	직무만족, 조직몰입, 자발적 참여 행태
8	신재흡(2000)	직무만족, 조직적응성, 조직생산성
9	김필녀(2003)	적응성, 생산성, 직무만족

〈표 Ⅱ-5〉 Steers의 조직 효과성의 구성요인

번 호	연구자	구성요인
1	Gerorgopulous & Tannedbawn(1957)	생산성, 융통성, 조직 내 갈등의 유무
2	Bennis(1962)	도덕성, 조직 일체감, 현실 파악능력
3	Blake & Mouton(1964)	고도의 과업지향성, 고도의 인간 중심성
4	Caplow(1964)	안정성, 통합성, 자율성, 성취능력
5	Katz & Kahn(1966)	성장능력, 저장능력, 생존능력, 환경통제력
6	Lawrence & Lorsch(1967)	통합성과 분화성의 적절한 균형 상태
7	Yochtman & Seashore(1967)	자원 확보 능력, 환경통제력
8	Friedlander & Pickle(1968)	수익성, 교직원의 만족, 사회적 가치 충족도
9	Price(1968)	생산성, 순응성, 사기, 적응성
10	Mohoney & Weitzel	일반기업체 모형: 생산성 지원 유용성, 계획, 신뢰성, 창의성, 연구기관 조직모형: 신뢰성, 협동성, 발전성, 의사소통의 개방성
11	Shein(1970)	융통성, 창의성, 심리적 몰입
12	Mott(1972)	생산성, 융통성, 적응성
13	Duncan	목표성취도, 통합성, 적응성
14	Gribbson et. al.(1973)	단기: 생산성, 능률성, 직무만족도, 중기: 적응성, 발전기 장기: 생존능력
15	Nagandhi & Reiman(1973)	행동목표: 인력확보능력, 조직원의 만족도, 인력보존능력, 구성원 인간관계, 부서 간 관계, 인력의 활용도
16	Child(1974, 1975)	이익, 성장비율
17	Webb(1974)	응집성, 능률성, 적응능력, 유지능력

출처: Richard M. Steers(1977), Problems in the Measurement of Organizational Effectiveness, *Educational Administration Quarterly 13*, pp. 51-57.

3) 교사의 효과성

본 연구자는 <표 Ⅱ-4>와 <표 Ⅱ-5>를 종합하여 조직 효과성의 구성요인을 측정준거로 하여 네 가지 차원으로 본 것을, 다시 크게 나누어 보면 직무성과나 자원획득 등과 같은 목적적 차원(조직 중심)과 헌신성, 만족감, 적응성 등과 같은 심리적, 지각적 차원(사람 중심)에 따라 본 연구의 효과성을 인식하고자 한다. 이 두 가지 차원은 조직을 목표 달성의 도구로 보는 입장과 사회적 자기완성의 기제로 보는 입장과도 그 맥을 같이한다. 따라서 본 연구에서는 학교조직의 목적적 차원에서 교사의 직무성과, 학교조직의 교사들의 심리적 차원에서 교사의 헌신성을 조직 효과성의 구성요인으로 선정한다.

이는 대부분의 선행연구들이 학교조직의 효과성을 인식하는 데 목적적 차원을 기본으로 보고 있다는 점과 우리나라의 교사 근무성적 평정의 준거의 한 측면으로 근무실적 측면(학습지도, 생활지도, 학급 경영, 교육연구 및 담당업무 등)을 평가하고 있다. 그러므로 교사의 직무성과 요인을 학교조직 효과성의 한 요인으로 선정하는 것은 타당하다고 본다.

또한 본 연구의 학교장의 도덕적 지도성의 개념은 도덕적 자질, 도덕적 추론 그리고 도덕적 행위 등의 구성요인을 포괄하는 독립변인으로서 학교조직의 지도자가 도덕적 행위를 발휘할 때, 추종자에게서 기대되는 도덕적인 성과로 헌신성을 선정하는 것은 적절할 뿐만 아니라, 많은 선행연구들이 효과성을 측정하는 중요한 요인으로 헌신성을 선정하고 있으므로 그 선정에 타당이 있다고 본다. 따라서 본 연구에서 학교조직 효과성의 개념은 교사가 기본적인 직무들을 효과적으로 수행하고, 학교조직에 적극적으로 헌신하는 것이라고 정의할 수 있다. 그 구성요인을 정리하면 ① 교사의 직무성과, ② 교사의 헌신성 등이다.

(1) 교사의 직무성과

① 개념과 연구 동향

집단의 능력이나 개인의 능력을 평가하는 데에는 여러 용어 중의 하나로 직무성과라는 말을 사용한다. 일반적으로 조직의 성과는 조직관리에 있어 효과성을 나타내는 용어로 사용되기도 하지만, 직무성과의 개념에서 오는 모호성으로 인하여 이와 유사한 의미로 생산성, 목표 달성 정도, 응집성, 몰입도, 애착도 등의 용어로 직무성과를 대신하여 사용하기도 한다. 산업 심리학자들은 같은 의미로 생산성이라는 용어를 사용하였다. 그러나 생산성이 물리적 측면을 강조하여 사용한다면, 직무성과는 조직구성원의 성과를 다양한 측면을 평가하는 포괄적인 개념을 담고 있다.

성과에 대해 Chaplin(1974)은 "성과란 결과를 가져오게 하는 행위, 특별히 환경에 변화를 주는 행위"로, Price(1968)는 직무성과를 "목표를 달성하는 정도"로, Etzioni(1983)는 "조직원이나 구성원들이 실현하고자 하는 과업의 바람직한 상태"라고 하였다. 또 McCormick과 Ilgen(1980)은 직무성과의 개념을 "생산성, 과실 발생률, 정확도" 등으로, Szilagyi와 Wallace(1987)는 직무성과를 "노력과 능력의 함수"
로, Porter와 Lawler(1968)는 "노력 및 능력과 역할지각의 함수를 직
무성과"로 보았다.

또한, Ripple(1980)은 직무성과를 "개인적 과업의 성취도를 평가하
고 개인과 조직 양편에 이익을 도모하도록 제반의 가치판단을 하기
위한 관찰과정"으로 보았다. 김창걸(1983)은 직무성과를 "교사가 교
육목표나 과업을 달성하기 위하여 보여준 노력의 과정이나 결과"로
보았고, 박인학(1988)은 "개인 또는 집단이 정한 과업의 성취 정도"
로 보았다. 즉 직무성과란 조직구성원들이 조직과업을 성취한 결과
라고 할 수 있다.

그렇다면 교사의 직무성과란 무엇인가? 그것은 학교조직이 정한
교육목표를 성취하기 위해 교사가 기본적으로 수행한 활동의 결과라
고 할 수 있다. 교사의 직무성과는 교사의 생산성 또는 교사의 직무
수행이라는 의미와 유사한 개념으로서 이는 교육적 가치의 생산에
있어서 투입에 대응하는 산출의 비율이며, 실천적으로는 학교에 있
어서의 교육활동의 질을 뜻하고, 이 교육활동의 '질'은 교육활동의
최적한 기능하에서 좌우된다고 할 수 있다(김세기, 1988). 결국 교사
의 직무성과는 조직의 효과성으로 연결되어 학교의 질적 수준을 나
타낸다. 따라서 본 연구에서 직무성과의 개념은 교사가 학교조직이
의도한 기본적인 직무를 수행한 결과라고 정의한다.

한편, 효과적인 학교장은 교사가 직무에 만족을 주고 최선을 다할
수 있는 풍토를 조성하도록 지도성을 발휘하여 교사의 능력개발이나
전문성 신장을 촉진하도록 노력한다. 학교장의 이러한 노력은 결국

교사의 직무 수행의 질을 높여 좋은 직무성과를 내도록 할 것이다. 직무성과와 관련된 선행연구들을 살펴보면 다음과 같다.

직무성과에 대한 선행연구들의 주제는 다양하다. Shaw와 Blum(1966)의 "집단성과에 관한 지도자 유형연구"에서는 집단의 근무상황이 매우 유리할 때, 지시적 지도자가 비지시적 지도자보다 더 효과성이 크며 성과를 높이는 것으로 나타났으며, Katzell 외(1970)는 "집단과정과 산출에 대한 지도성 효과 연구"에서는 지도자의 지시성과 구성원의 직무성과 간에 상관관계가 있음을 보여주었고, House(1971)는 구성원들이 재량권을 행사할 수 있는 상태에서 지도자의 과업 중심적 지도성과 구성원의 직무만족 간에는 관련성이 높으나, 성과는 낮은 것으로 나타났다. 또 과업구조가 단순할수록 인간관계 중심 지도성과 구성원의 만족 및 직무성과 간에는 상관관계가 있는 것으로 나타났다.

김성렬(1978)은 성취동기가 높은 교사들에게는 교장이 과업 중심적 지도성을 주로 행사하며, 성취동기가 낮은 교사들에게는 인간 중심적 지도성을 행사할 때 높은 성과를 보여주었고, 최희선은 "학교 행정가의 지도성 행동유형에 따른 효과에 관한 연구"에서 조직의 특성에 따라 지도성의 과업적 측면과 인간적 측면을 모두 적절히 활용하는 것이 조직의 성과가 큰 것으로 나타났다. 김창걸(1982)은 "교장의 지도성 행위, 상황 및 학교조직 효과성 간의 관계 연구"에서 지도성 행위 중 과업구조가 직무성과에 미미한 정도로 영향을 주고 있음을 보여주었다.

이완정(1982)은 "중학교 교장의 지도성과 교사의 직무만족도가 교사의 직무성과에 미치는 영향에 관한 연구"에서 지도성의 구성요인을 관리능력, 인간적 온정, 수업지도성으로 하고, 직무만족의 구성요인을 직무 자체, 행정적 지원, 보수, 교사 간의 관계, 교육과정 운영, 지역사회와의 관계 등, 두 요인을 독립변인으로 하였고, 수업준비 및 계획, 수업활동, 담당업무, 인간관계, 전문성 신장 등을 직무성과로 종속변인으로 하여 분석하였다. 그 결과, 인구통계학적 측면에서 직무성과에 대한 차이는 도시지역 교사가 농촌지역 교사보다 직무성과가 높았으며, 공립학교 교사와 사립학교 교사 간에는 평균에 있어 공립학교 교사의 직무성과가 조금 높았으나 큰 차이는 없었다. 또한 남교사가 여자교사보다 직무성과가 높았으며, 기혼자가 미혼자보다 직무성과가 더 높은 것으로 나타났다. 이는 기혼자 자신의 위치를 확고히 하고 가정을 안정되게 이끌려는 심리적인 요인에서 비롯하는 것으로 보이고, 또 기혼자의 사회경험이 넓은 것에서 온다고 것이다. 경력에 대한 직무성과는 경력에 따라 상승하나 7~14년에 이르러 자기 직장에 대한 기대와 요구가 좌절되고 수년 동안 맡은 일을 반복해서 오는 권태감에서 기인한다는 것이며, 14년 이후에는 다시 자신을 직장에 재순응함으로써 자기를 확보하려는 적응기제가 작용한다는 것이다. 학교장의 지도성이 교사의 직무성과에 미치는 영향은 29%이고, 교사의 직무만족이 교사의 직무성과에 주는 영향은 전체 33%였으며, 학교장의 지도성과 교사의 직무만족이 교사의 직무성과에 주는 영향은 전체 42%였다.

김선희(1991)는 "개인과 직무의 적합성이 직무성과 및 직무만족에 미치는 영향"에 대한 연구에서 대인관계 적합성의 점수에 따라 일치집단, 중간집단, 불일치집단으로 나누고 분석한 결과, 대인관계 적합성 요인이 직무성과에 영향을 주는 것으로 나타났고, 집단 간 비교 결과에서는 중간집단이 불일치집단보다 직무성과가 높은 것으로 나타났다. 또 지적 능력 및 성취동기 적합성에 따른 집단 간의 비교에서는 중간집단이 불일치집단보다 성과가 높으며, 중간집단이 일치집단보다 직무성과가 높았다.

한철언(1995)은 "체육교사의 조직 전념과 직무성과와의 관계 연구"에서 조직 전념도와 직무성과는 상관관계가 있었으며, 특히 조직 전념도의 충성요인은 직무성과의 수업준비성, 수업활동, 담당업무 관리 요인과, 자발성 요인은 수업준비성, 수업활동 요인과, 가치수용 요인은 담당업무 관리와 높은 상관을 보였다. 또한 조직 전념의 구성요인이 직무성과의 구성요인에 전체적으로 영향을 주는 것으로 나타났다. 특히 수업준비성과 수업활동, 담당업무 관리에서 충성심과 자발성, 가치수용 등이 유의미한 부적 영향을 미치는 것으로 나타났다.

김호장(2004)은 "조직구성원의 학습에 대한 자기 주도성이 개인성과에 미치는 영향"에 관한 연구에서 학습에 대한 자기 주도성과 개인의 직무성과 간의 상관관계를 분석한 결과, 두 요인이 약한 정적 관계가 있었고, 유의수준 .05에서 유의미한 것으로 나타났다. 이는 학습에 대한 자기 주도성이 강할수록 개인 직무성과가 높다는 것이다. 두 요인 간의 영향관계에서는 학습에 대한 자기 주도성과 개인 특성 배경 요인이 개인 직무성과에 32.9%의 영향을 주는 것으로 나타났다.

요컨대, 직무성과의 원인요인으로 근무상황이나 과업구조 같은 조직의 직무환경, 지도성 유형, 구성원 개인 차원에서 직무의 만족도, 헌신도, 학습에 대한 자기 주도성 등이 직무성과에 영향을 주는 것으로 나타났다.

② 구성요인과 평가방법

교사의 직무 수행의 성취결과는 교사 개인, 교육설계, 직무설계 등 다양한 요인에 의해 영향을 받으므로 그 측정이 어려워 연구자마다 그 기준이 다르다.

교사의 직무활동에 대한 평가를 흔히 교원평가로 활용하고 있는데, 이는 교사의 근무실적과 직무 수행능력 및 태도에 관한 사실을 정확히 파악하고, 교사의 인물 됨과 직무에의 적응성 및 발전성 등을 평가하여 인사행정 문제를 공정히 처리할 수 있는 근거자료로 이용하게 함으로써 직무 및 조직체 전체의 능률 향상을 도모하려는 것이다(황영남, 2004). 따라서 이러한 평가는 교수활동과 학교조직 효과성이 증진되고, 나아가서 학교조직의 효과성 증진은 학생의 성장으로 이어져, 결국 높은 교육의 질을 제공할 수 있다는 점에서 학교조직의 효과성을 평가하는 준거로 인식할 수 있을 것이다.

Rosenshine(1978)는 교수 효과성에 관한 연구에서 11개 요인 중 변화성, 열성, 업무순응 및 학습기회 부여 등 5개 요인이 교수의 양호도와 관련이 있음을 보여주었고, 교사의 직무성과의 달성을 위해 교사가 수행해야 하는 임무의 활동목표를 Redfern과 Hersey(1980)는 학습 진행절차, 학습관리 기능, 의사전달 기능, 인간관계 및 개인적 발전, 교직원들과의 관계, 연수교육 참여도, 기타 책임 영역 등 기술적인 측면을 제시하였다. Baltimore County Public School(1978)의 평가기준은 전문적 능력, 인간관계 능력, 관리능력, 전반적 교수 효과성 등을, Texas주 Austin Independent School District(1980)는 개인적 및 전문적 자질, 교수 효과성, 교수기술, 학급관리 기술, 인간관계 기술 등을 기준으로 제시하였다.

1975년 8월 20일자 개정된 한국의 교사근무평정 기준은 자질 및 태도 측면에서 교육관 및 태도, 교육자로서의 품격, 책임감, 봉사성, 창의성을, 근무실적 측면에서 학습지도, 생활지도, 학급경영, 담당업무, 교육연구 등을 기준으로 하고 있다. 이완정(1982)은 수업준비성, 수업활동, 담당업무 관리, 인간관계, 전문성 신장 등을, 김창걸(1983)은 수업준비, 수업활동, 학급경영, 근무관계 등을 직무성과의 구성요인으로 제시하였다.

또한, 신재흡(2000: 66)은 조남두(1992)의 것을 활용하여 필요한 자료의 활용, 위원회 제도의 활용, 구성원에 대한 응분의 대우, 분위기 개선을 위한 노력, 목표인지 및 시간운영의 적절성, 업무분장관계, 학습지도, 근무평정에 대한 적절한 반영 등을, 우정남(1992)은 Hoy 와 Miskel(1996)의 질문지 문항을 활용하여 학생 학력증진, 교육과정, 학생, 학년운영 실태 등을 직무성과의 구성요인으로 선정하였다. 조남두(1992: 106)는 Price(1969)의 것과 왕기항(1986)의 것을 활용하여 필요한 자료의 활용, 위원회 제도의 활용, 구성원에 대한 응분의 대우, 분위기 개선을 위한 노력, 목표 인지 및 시간운영의 적절성 등을 직무성과의 구성요인으로 제시하였다.

요컨대, 직무성과에 대한 선행연구의 구성요인들은 교사 측면, 학생 측면, 교육과정, 수업적 측면, 학교(학급) 경영 등, 연구자의 연구 목적에 따라 다양하게 선정하고 있다. 그러나 직무성과의 측정을 위한 구성요인은 두 가지 측면에서 그 설명이 가능하다고 본다. 하나는 양적 측면으로 생산된 단위변수를 의미하며, 다른 하나는 질적 측면에서 일반적으로 측정이나 판단하기 어려운 인간적 오류라고 할 수 있다. 여기서 인간적 오류란 미리 계획되고 기대되는 성과의 표준에서 이탈하려는 상태를 말하는 것으로, 이로 인하여 시간의 연장, 문제제기, 사고, 역기능, 실패 등 바람직하지 못한 결과를 유발시키는 요인이라고 할 수 있다. 이러한 특성을 가진 직무성과는 준거체제로서 크게 네 가지 측면으로 나눌 수 있을 것이다.

첫째, 만족이다. 조직구성원이 가지고 있는 태도의 한 가지로 직무 당사자가 가지고 있는 직무에 대한 만족, 불만족, 직무 헌신, 동기부여의 태도 등이 포함된다. 둘째, 생산성이나 효율성이다. 이는 인적자원의 효율성과 융통성을 말하는 것으로 인적자원의 효율성은 현재 조직구성원들이 자신의 직무를 어느 정도 효과적으로 수행하고 있는지를 고려하고 앞으로의 필요성을 예측하기 위해서 직무성과에 대한 평가로 이용된다. 그리고 직무를 수행하는 사람의 인적자원 활용도나 대체 가능성도 직무성과의 조정 대상이 될 수 있다. 셋째, 신체적 조건이다. 인간은 작업을 수행하는 과정에서 발생하는 육체적 피로, 정신적 고통, 건강기록 등 직무성과에 직접적인 영향을 준다. 넷째, 신뢰성이다. 안전, 시스템, 신뢰, 장비, 설비에 대한 직무 담당자의 반응을 포함하여 재해 등이 직무성과에 직·간접적으로 영향을 미치므로 직무성과의 평가에 대상이 될 수 있다.

위에서 살펴본 바와 같이, 교사의 직무성과를 측정하기 위한 조작적 정의와 평가기준을 특정한 지표에 의해 설정하기는 어렵다. 그 이유는 학교조직의 교사 직무성과의 개념도 효과성을 나타내는 하나의 지표이므로 연구 방법에 따라 다르게 정의되어야 하기 때문이다. 그러므로 교사의 직무성과를 측정하는 기준이 좀 더 타당성을 확보하기 위해서는 치밀한 직무분석을 통하여 교사 활동 분야의 중요도를 산출하고 그에 대한 측정기준을 설정하는 것이 필요하다. 이에 대하여, Vroom은 동기적인 요인, 역할요인, 능력요인 등을 제시하였다. 그러나 그중에서 중요한 요인은 능력요인이다. 즉 일할 수 있는 잠재적 능력과 일하려는 의지가 능력과 동기로서 직무성과에 큰 영향을 미친다는 것이다(한덕욱, 1985).

따라서 본 연구에서 교사 직무성과의 구성요인 선정은 선행연구들에서 강조하고 있는 효율성 측면과 교사의 근무성적 평정 준거 그리고 연구자의 다년간의 교직 경험 등을 토대로 하여, 교사의 직무 수행을 분석한 결과를 종합하면 주로 교사의 기본적인 직무 수행과 관련된 요인, 즉 ① 수업준비, ②학습지도, ③ 생활지도, ④ 학급경영, ⑤ 근무상태 등을 선정할 수 있었다. 이에 대한 개념을 살펴보면 다음과 같다.

첫째, 수업준비는 교사가 학생들에게 수업을 하기 위해서 사전에 각종의 수업자료를 준비한다든지 또는 수업과 관련된 교재를 준비하는 것을 말한다. 그러므로 교사의 수업 준비의 개념은 교사가 교재 연구 및 수업 자료를 사전에 준비하는 것이라고 정의할 수 있다. 둘째, 학습지도는 학생들을 가르치는 데 있어 학생 개인의 학습지도와

집단적으로 학습지도를 하는 경우가 있다. 그러므로 교사의 학습지도의 개념은 교사의 개별 및 집단 학습지도 능력이라 정의할 수 있다. 셋째, 생활지도는 교사가 학생을 지도함에 있어서 학생 개인의 생활을 지도하는 경우와 집단적으로 생활을 지도하는 경우가 있다. 그러므로 교사의 생활지도 개념은 교사의 개별 및 집단의 생활지도 능력이라고 정의할 수 있다. 넷째, 학급경영은 교사가 학급을 경영함에 있어 학급의 환경적인 측면과 학생관리 측면을 경영하는 경우이다. 그러므로 교사의 학급경영의 개념은 교사의 학급 환경 구성 및 학급관리 능력이라고 정의할 수 있다. 다섯째, 근무상태는 교사의 직무를 수행하기 위해서 학교가 정한 시간에 학교에 출근하는 상황이라든지, 업무를 정확하고 신속하게 하는 것이라 할 수 있다. 그러므로 교사의 근무상태의 개념은 교사의 출근 상황 및 업무의 정확성이라고 정의할 수 있다.

그렇다면 교사의 직무성과를 어떻게 평가할 것인가? 사실 조직구성원들이 얼마나 자신의 직무를 잘 수행했는지를 판정하는 직무성과에 대한 평가는 구성원에 대한 처우, 행정의 발전, 인사기술의 타당성 검증 등에 관한 의사결정에 매우 중요한 정보를 제공하는 활동이라 할 수 있다.

실적을 위주로 하는 인사행정 체제에서는 조직구성원에 대한 과학적 평가 자료로 제공하는 직무성과에 대한 평가가 필수적인 요소이다. 이러한 직무성과에 대한 평가의 종류는 목적, 피평가자, 방법 등 여러 기준에 따라 분류할 수 있다. 그리고 이에 대한 방법은 다양하다. 오석홍(1983)은 직무성과의 평가방법으로 산출 기록법, 정기적 검사법, 가감 점수법, 서술적 보고법, 서열법, 등급법, 도표식 평가 척도법, 사산 표식법, 강제선택법, 주요사건 기록법, 직무기록법 등을 제시하였다.

이 밖에도 평가 성적의 분포를 규정하는 강제 배분법, 평가자가 어떤 사람이냐에 따른 감독자 평정법, 부하 평정법, 집단 평가법, 목표설정에 의한 관리의 기본과정을 활용하는 방법 등으로 구분된다. 이러한 모든 평가방법을 Flippo(1980)는 분석평가와 종합적 평가라는 두 가지 방법으로 나누었다. 직무성과에 대한 평가를 함에 있어서는 하나를 선택하여 사용할 수도 있고, 몇 가지를 배합하여 사용할 수도 있고 혹은 개발하여 사용할 수도 있을 것이다.

그러나 교사의 직무성과에 대한 평가를 선택할 때에는 몇 가지 조건을 고려하는 것이 필요하다(박인학, 1988). 첫째, 단위 학교에 알맞은 평가방법이어야 한다. 즉 평가의 목적에 부합되고 학교마다의 여건에 적합하여야 한다. 이때에 고려할 사항은 조직의 기능, 인사제도의 원칙과 성격, 인사기관의 권한과 기능, 인사운영에 대한 기대와 태도, 직무성과의 평가에 대한 감독자와 관리자의 이해와 관심 등이다. 둘째, 평가방법이 실용성을 구비해야 한다. 즉 단순성, 융통성, 경제성 등이 구비되어, 사용이 가능하고 용이해야 한다. 여기서 단순성은 평가자가 평가방법을 이해하고 사용하기 쉬운 것을 뜻하며, 융통성은 평가방법 또는 평가표를 여러 가지 용도에 사용할 수 있는 것을 뜻하며, 경제성은 비용이 적게 드는 것을 뜻한다. 셋째, 평가의 공정을 기하고 평가결과의 활용이 편리하도록 기술적 조건이 구비되어야 한다. 즉 객관성, 사회성, 타당성, 식별력 등이 구비되어야 한다.

이러한 조건이 구비된다면 평가가 특정인의 전유물이 되지 않도록 해야 하며, 평가자의 분석적 사고를 촉진하는 것이어야 하며, 평가자의 자의적 착오를 막아야 하고, 평가결과를 상대적으로 식별하기 쉬운 평가방법이어야 하고, 그리고 평가결과의 불균형을 조정하기 쉬워야 한다.

본 연구에서는 이러한 평가의 특성을 고려하여 교사의 직무성과 평가방법을 교사 자신들에 의해 평가하는 자기 평가법을 선택하였다. 이는 평가받는 사람을 참여하도록 동기를 부여하고, 그 사람의 심리적 안정을 도모하는 데 유효하다고 본다. Flippo(1980: 214)는 자기 평가방법의 장점이 정보의 소통을 촉진하고, 평가받는 사람이 자기 자신과 자신의 일에 관하여 체계적으로 생각해 보게 하며, 피평가자가 평가과정에 능동적으로 참여하기 때문에 자기 발전의 동기를 얻을 수 있다고 하였다. 이에 대해, Pajer(1972)는 자기 평가가 조직의 상관에 의한 평가의 결과와 62%가 일치함을 제시하였다.

이상과 같이 자기 평가방법이 조직 상관에 의한 평가방법과는 큰 차이가 없으므로 본 연구에서는 교사의 직무성과를 평가하는 데 있어 교사 자신이 스스로 평가하는 자기 평가방법을 활용하였다.

(2) 교사의 헌신성

① 개념과 연구 동향

헌신성(commitment)이라는 용어를 다양한 의미로 사용하고 있다. 예를 들면, 조직연구에서는 연구자의 목적에 따라 전념, 몰입, 관여 등의 용어로 구분 없이 사용되고 있다. 이는 연구자의 연구 목적에 의해 헌신이라는 단어를 문맥에 적절한 의미로 해석한 결과라고 본다. 그러나 본 연구의 목적과 내용에 알맞은 용어는 헌신성이라고 본다.

조직의 헌신성은 1950년대 이후에 대두되어 최근에 조직 행동 분야에서 주목받는 요인 중의 하나이다. 학교조직을 유지하며 내적, 외적으로 환경에 적응하고 발전하기 위해서는 그 무엇보다도 구성원들의 헌신이 필요하다. 특히 조직의 헌신성은 조직이 위기상황에 처해 있을 때 요구되는 행위이기도 하다(Halverson et al., 2004).

헌신성은 주로 개인과 조직의 양 측면을 분석하기 위해 기술적인 개념으로 사용되어 왔다. 조직연구에서 헌신성이 관심을 모으는 것은 ① 조직의 헌신성이 직무만족보다 구성원의 이직현상을 잘 설명해 준다는 점(Porter, Steer, Mowday & Boulian, 1974), ② 구성원의 헌신성이 높을수록 그들의 직무성과가 높아질 가능성이 높다는 점(Mowday, Porter & Dubin, 1974), ③ 헌신성이 비교적 장기적이고 안정적인 조직구성원들의 태도와 행동 간의 관계를 설명해 주고 있다는 점(Angle & Perry, 1981) 등이 그 주된 이유이다.

헌신성에 대한 대부분의 선행연구들은 연구자들의 시각에 따라 헌신성에 대한 접근방법이 다양하게 나타났으나, 본 연구에서는 지금까지 조직헌신성에 대한 연구들을 네 가지의 관점으로 나누어 살펴보고자 한다. 즉 심리학적 관점, 경제학적 관점, 행위적 관점, 다차원적 관점 등이다. 그러나 이러한 관점의 분류는 선행연구자들의 강조점에 따른 본 연구자의 분류이기 때문에 명확히 구분하기는 어렵다고 본다. 이에 대한 구체적인 내용을 살펴보면 다음과 같다.

첫째, 심리학적 관점이다. 이는 개인이 조직에 대해 갖는 심리적 상태에 대한 관점이다. 즉 헌신성의 본질이 조직에 기여하려는 개인의 심리적 속성에 있다고 보는 입장이다. 또한 이 관점에서는 헌신성을 조직에 대한 정적 지향성으로 이해하기 때문에 연구자의 초점에 따라 조금씩 차이가 있지만, 그 연구대상의 내용을 살펴보면(Morrow, 1983: 487-488), ① 작업 그 자체가 갖는 내면적 가치에 목표를 두고서 그 가치에 집중하는 것, ② 작업자의 일생에 거친 작업내용 및 경력을 강조하는 경력 중심적 방법, ③ 작업자가 심리적으로 자신의 담당직무에 대한 일체감을 가지는 정도, 일상 업무활동에 헌신하는 정도, 그리고 전반적인 직무환경이 자신의 생활에서 중심이 되는 정도에 초점을 둔 직무 중심적 경향, ④ 자신을 고용해 준 직장에 대한 헌신 및 충성도에 초점을 둔 조직 중심적 경향, ⑤ 자기를 위하여 협상을 하여 주는 단체에 대한 헌신 및 충성도에 초점을 두는 조직 중심적 경향 등이다. 또 Porter 외(1974: 603-609)는 조직헌신성을 조직목표 차원, 조직 차원, 그리고 조직구성원 차원으로 분류한 후에 각 차원을 정의하기를, ① 조직목표 차원은 조직에 대한 강한 신뢰 및 애착, ② 조직 차원은 조직을 위하여 열심히 노력하는 의지, ③ 조직구성원 차원은 해당 조직의 구성원 의식을 유지하기 위해 강한 욕망으로 규정하고, 이것들에 대한 구체적인 태도성향을 확인하기 위한 척도를 개발하였다. 대체적으로 조직구성원들의 직무와 관련한 헌신, 충성, 열의 등의 심리적 태도와 관련된 요인들이다. Kanter(1968)는 "특정한 집단에 대한 정서적, 감정적 애착"으로 헌신성을 보았고, Sheldon(1971)은 "개인의 정체성을 조직에 연결시키거나 애착을 갖도록 하는 조직을 향한 태도나 경향"을 헌신성으로 보았다.

또한, 김구원(1994)은 조직구성원의 내재화된 도덕적이며 규범화된 힘이기 때문에 헌신한다고 하였고, 안성원(1995)은 구성원들이 조직과 자신을 동일시하면서 조직의 목적 달성을 하기 위해 최선의 노력을 하는 자발성과 신념을 갖고 계속해서 조직에 머물러 있으려는 욕망 때문에 헌신한다고 하였으며, 왕기항(1986)은 나보다는 우리라는 조직체의 유대로서 긍지·소속감·애착심·상호협조를 필요로 하기 때문에 구성원들이 헌신한다고 하였다. 결국 헌신에 대한 심리학적 관점은 개인이 불안을 감소하기 위한 강구책으로 조직으로부터 지원과 환경에 대한 지배를 원하기 때문에 조직에 대한 정체성을 높인다는 것이다. 따라서 개인은 조직이 자신에게 얼마나 심리적으로 도움이 되는가에 대한 생각에 따라 조직의 정체감을 확인하고 조직에 헌신하게 된다.

헌신성을 심리학적 관점에서 보는 연구자들의 관심은 두 가지의 연구목적이 있다(Meyer & Allen, 1997). 하나는 헌신이 바람직한 조직성과 요인들과 밀접한 관련이 있다는 것이다. 즉 조직구성원들의 헌신은 이직률 또는 결근율을 낮추거나 생산성을 높인다는 것이다. 다른 하나는 헌신수준을 높이는 데 기여하는 개인적 특성과 상황적 조건을 규명하는 것이다. 그러나 이에 대하여 몇 가지의 단점이 있다. 이 두 가지의 연구목적을 달성하기 위해서는 헌신과 다른 요인들의 인과관계가 확립되어야 하는데, 이러한 입장의 연구들은 대부분이 횡단적 연구 설계를 하였기 때문에 그 결과, 관련 요인들의 상관관계가 부분적으로 드러났을 뿐, 그 인과관계가 명료하게 밝혀진 것이 아니다(Meyer & Allen, 1997). 또한 연구물에서 발견된 요인들의 외적 타당성에 대해서도 의문이 제기된다. 그 이유는 연구자들이 선택한 연구대상의 직종이나 조직, 또는 같은 조직 내에서도 계층적 지위나 담당업무에 따라 선행 요인들의 내용이나 그것들의 헌신에 대한 상대적 영향력이 다르게 나타났기 때문이다(Chelte & Tausky, 1986). 이것은 각기 다른 목표와 가치를 지닌 조직들을 대상으로 하여 밝혀낸 헌신성의 선행요인들의 효과를 모든 조직을 대상으로 한 헌신성 연구가 충분히 이루어졌다 하더라도 학교조직을 대상으로 하는 헌신성 연구가 여전히 필요하다는 것을 입증해 주는 것이기도 하다(홍창남, 2005).

둘째, 경제학적 관점이다. 이 관점은 조직헌신성을 임금이나 지위 및 전문적 자유가 증가되고, 보다 더 좋은 보상이 개인에게 주어진다면 조직에 헌신하겠다는 것이다(Herbiniak & Alutto, 1972). 그러므로 조직헌신성의 의미는 조직에서 얻은 이익과 그에 수반하는 비용을 비교한 결과이다.

Homans(1967)는 경제학의 사상과 행동주의 심리학의 학습이론에 바탕을 두어 개인의 행위는 사회적 보상과 형벌체계가 서로 상호작용하여 나타난 결과로 보았다. 즉 조직과 개인의 관계를 보상과 대가의 관계로 파악하였다. 이는 인간이 경제적인 성향을 가지고 있기 때문에 조직구성원들의 헌신은 조직을 떠날 경우에 포기해야 하는 기득권의 크기에 비례한다는 Becker(1960)의 부수적 투자이론과도 같다고 할 수 있다. Becker(1960: 32)는 "헌신성은 개인이 부수적인 투자를 행함으로써 일정한 행위경향을 갖게 될 때 발생한다."고 하였다. 즉 개인은 조직의 일을 수행하면서 여러 가지 부수적 투자를 하게 되며, 또한 그 투자에 대한 보상을 기대하게 되는데, 바로 그 기대감이 개인과 조직의 유대를 강화한다는 것이다. Reichers(1985)도 헌신성을 "조직구성원이 조직에 잔류하려는 성향"이라고 정의하고, 이러한 성향은 조직에 잔류하는 것이 떠나는 것보다 더 많은 이득이 있기 때문에 발생한다는 것이다.

결국, 헌신성에 대한 경제학적 관점은 인간은 어떤 행위를 함으로써 발생될 노력과 보상을 비교하여 타산이 맞거나 이득이 큰 경우로 행동을 옮긴다는 것이다. 이러한 시각은 경제적인 개념을 근거로 다양한 목적에 부합되는 일반적인 모형을 제시하여 줄뿐만 아니라 여러 가지 영향들을 경제원칙에 따라 해석할 수 있는 장점을 가진다(이일권, 2003). Rusbult와 Farrell(1983)의 연구가 이러한 경제학적 관점에 대한 실증적인 근거를 제공하였다.

셋째, 행위적 관점이다. 이 관점은 헌신이 조직구성원들의 이직과 부적 관계가 있다는 믿음에서 시작하였다(Meyer & Allen, 1997). 그래서 기본적인 연구목적은 개인이 조직에 계속 잔류하겠다고 의사결정을 할 경우에 그 의사결정 행위에 영향을 미치는 요인들이 무엇인지를 알아내는 것이다. 그 본질은 특정 행위를 지속하고자 하는 의지라고 할 수 있다. 조직구성원들이 고용관계를 유지하는 행위에 집착하는 것이 한 예이다.

Salancik(1977)은 조직헌신성을 "개인이 자신의 이전 행위에 의해 구속되어 그 행위를 통해 활동과 참여(involvement)를 유지시키는 신념에 구속되는 상태"라고 정의하고, 헌신성의 수준이 조직을 택한 동기의 명료성, 불가역성, 행위의 자의성, 홍보성 정도에 따라 결정된다는 것이다.

그러나 이러한 관점은 헌신성에 대한 개념의 조작화 과정에서 헌신성이 행위 의지만을 의미하는 것인지, 아니면 구체적인 행동까지를 포함하는 것인지를 분명하게 구별하지 않아 혼란을 일으킨다는 것이다(Meyer & Allen, 1984). 또한 지나치게 행동만을 강조하여 신념, 태도, 가치관 등이 개인의 행동에 영향을 줄 수 있다는 점을 무시하고 있다는 지적과 행동을 계속하려는 원인을 강조하는 과정에서 단순히 내적 심리 차원만을 고려하여 외적 차원은 고려되지 않았다는 단점이 지적되고 있다(박창희, 1986).

넷째, 다차원적 관점이다. 이러한 관점은 경제학적 관점과 심리학적 관점 간의 쟁점에 대한 합의적 새 관점이다. 많은 선행연구자들은 두 관점을 양립하려는 것이 불가능한 것이 아니며, 오히려 양자를 통합하여 헌신성을 설명하는 것이 그 본질을 이해하는 데 적합하다는 입장에서 합의를 형성해 가고 있다(Meyer & Allen, 1997).

O'Reilly 외(1991)에 의하면, 헌신성은 조직과 조직구성원 간의 심리적 유대를 반영하지만 그 결합의 본질은 다양하다는 것이다. 또 그들은 태도와 행동의 변화에 관한 Kelman(1958)의 논의를 수용하여, 조직과 조직구성원 간의 심리적 유대를 순응, 동일시, 그리고 내면화라는 세 가지 다른 형태로 구분하였다. 즉 조직구성원들의 조직에 대한 심리적 애착은 그 깊이에 따라 순응, 동일시, 내면화라는

세 단계로 구분할 수 있다는 것이다. 그러나 이러한 주장에 대한 문제는 '동일시와 내면화'의 두 속성을 어떻게 구분하느냐 하는 것이다(Becker 외, 1996).

또한, Meyer와 Allen(1991: 67)은 헌신의 개념에 관한 선행연구를 검토한 뒤, 그 공통된 속성을 도출하여 헌신을 "조직구성원과 조직의 관계를 특징짓는 것으로서, 조직의 구성원 자격을 유지하려는 의사결정과 관련된 심리적 상태"로 규정하였다. 그들은 헌신의 정의를 어떻게 하든지 간에 헌신을 한 종업원은 헌신을 하지 않은 종업원에 비해 조직에 잔류할 가능성이 크다고 하였다. 그들은 헌신성의 본질을 정서적 헌신성, 근속적 헌신성, 규범적 헌신성으로 구분하였으며, 이에 대해서는 많은 연구자들이 동의하고 있으며 그것을 근거로 실증적인 연구가 수행되어 왔다(Jaros et al, 1993; Meyer et al, 2002; 김정주, 1999). 그러나 Ko 외(1997)의 연구에 의하면, 정서적 헌신성과 규범적 헌신성 간의 상관관계가 .74로 파악되어 개념적 혼란과 측정의 문제를 제기하고 있다.

요컨대, 헌신성에 대한 이론적 관점들을 종합하여 보면 심리학적 관점은 조직구성원이 조직에 대해 갖는 심리적 유대를 의미하며, 조직구성원이 조직의 목표와 가치를 어느 정도 수용하며, 그것의 달성을 위해 열의를 보이는 데 초점을 두었으며, 경제학적 관점은 조직구성원이 조직에 남으려는 의지를 말하며, 그것은 개인이 조직에 대해 부수적 투자를 얼마나 했는가, 또 현재 소속된 조직 이외에 다른 대안이 있는가에 따라 달라진다. 행위적 관점의 기본적인 연구목적은 개인이 조직에 계속 잔류하겠다고 의사결정을 할 경우에 그 의사결정 행위에 영향을 미치는 요인들이 무엇인지를 알아내는 것이다. 다차원적인 관점은 심리학적 관점과 경제학적인 관점을 통합하는 관점이다. 최근에는 이 관점이 지지를 받고 있으며, 이는 헌신성의 구성요인을 심리적 헌신성과 경제적 헌신성으로 보는 관점이다.

한편, 교사의 헌신성에 대한 선행연구들을 살펴보면 세 가지 측면으로 나누어 볼 수 있다. 첫째, 인구 통계적 측면이다. 유현숙(1981)은 "공사립 교사집단의 조직헌신성" 연구에서 공사립의 헌신성 수준은 사립학교 교사집단의 헌신성보다 낮은 것으로 나타났다. 교사의 연령, 교직경력, 출신학교별, 성별에 따른 헌신성 차이는 없었다. 다만 기혼자가 미혼자보다 헌신성이 높았다. 또한 구영모(1997)는 "학교장의 의사결정 유형과 교사의 조직헌신성의 관계"에서 교직경력이 많을수록, 소규모일수록, 도시지역보다 읍·면지역의 교사가 헌신성이 높은 것으로 나타났다. 결국 헌신성은 나이가 많을수록, 경력이 많을수록, 미혼자보다 기혼자가, 남교사보다 여교사가 헌신성이 높은 것으로 나타났다.

둘째, 심리적 측면이다. 이는 교사의 헌신이 직무에 대한 자율성, 심리적 보상, 교사의 정체성 등과 같은 심리적 요인들과 관련이 있다. Reyes와 Imber(1990)는 교사의 헌신성은 "교사가 학교목표와 가치에 대해 가지는 심리적 동일시이며, 학교조직의 구성원으로 남으려는 의지와 개인의 이익을 넘어서 직업에 헌신하는 것"이라고 하면서, 교사의 헌신성은 학교장이 교사들에게 자유재량을 많이 인정하면 헌신성은 증가하고, 심리적 보상의 요인은 학습기회가 많아질수록 더 헌신하게 된다고 하였다. 또한 Firestone과 Pennell(1993)은 교사의 헌신성은 내적 직무만족, 공식화, 조직의 보상에 대한 무관심, 독립의 욕구 등과 관련이 있으며, 직무 수행을 즐겁게 임하고, 개인 만족과 직무만족이 높은 사람일수록, 직무 수행에 있어서 조직의 목표, 직무책임, 지침과 절차가 분명할수록 교사의 헌신성이 높다고 하였다. 또 Ingersoll 외(1997)는 교사의 헌신성을 "교사와 학교 간의 긍정적, 심리적 유대 정도"라고 정의하고, 교사의 헌신성은 교사들이 가르치는 활동으로부터 얻는 내적 동기, 열정, 만족 등의 정도와, 그들이 직무 수행을 통해서 성취하는 효능감과 효과성의 정도를 포함시켰다.

셋째, 지도성 측면이다. 즉 지도성의 유형이 조직구성원의 헌신성과 관계가 있다는 것이다. 권혁래(2001)는 "중등학교장의 변혁지향적 지도성과 교사의 조직헌신과의 관계" 연구에서 중등학교의 교사들은 학교에 대해 헌신적이라고 하였다. 즉 학교장이 구성원들에게 믿음, 신념 등을 발휘하는 변혁적 지도성은 서로의 이해관계를 초월하고 세심한 배려와 적절한 자극을 통해 의식을 높여, 결국에는 조직에 대한 구성원들의 헌신수준을 높인다는 것이다. 최창현(1998)은 "학교장의 변혁지향적 리더쉽과 교사의 헌신성과의 관계 연구"에서 교사가 지각하는 학교장의 변형지향적 리더십은 교사의 경력이 높을수록 높고, 대도시보다 소단위 지역에서 높으며, 남자교사가 여자교사보다 높은 것으로 나타났는데, 이는 학교장의 변혁적 지도성이 교사의 헌신성을 높게 한다는 것이다. 또한 유학현(1989)은 "학교장의 지도성 유형과 교사조직헌신성과의 관계 연구"에서 학교장의 지도성이 효율적일 때 교사들의 헌신성이 가장 높으며, 비효율적일 때 헌신성이 가장 낮게 나타났는데, 여기서 효율적이라는 뜻은 학교장이 학교 운영에 있어 과업 측면과 인화 측면을 균형적이고 합리적으로 운영하는 것을 말한다. 결국 학교장의 지도성 유형에 따라 학교 구성원의 헌신성은 달라질 수 있다.

② 구성요인

조직헌신성에 대한 연구는 다양하게 이루어져 왔다. 헌신성을 결정하는 독립변인과 헌신성을 나타내는 종속변인에 대한 견해도 다양하며, 그 결과도 많은 차이를 보이고 있다. 그러나 본 연구에서는 대별하여 인구통계학적 특성요인과 조직특성요인, 그리고 지도성 유형요인으로 나누어 살펴보고자 한다.

첫째, 인구통계학적 특성요인이다. 이에 대한 연구에 있어서 교직경력이 많은 교사는 상대적으로 교직경력이 적은 교사들에 비해 더 헌신적이며(Rosenholtz, 1989; Reyes, 1989), 도시보다 읍·면지역이 더 헌신적이며(구영모, 1997), 공립교사보다 사립교사가 더 헌신적이고(유현숙, 1981), 대체적으로 여성이 남성보다 헌신성이 높은 것으로 나타났다(Stevens 외, 1978). 연령에 있어서는 대체적으로 연령과 헌신성 간에는 정적인 관계를 보여주었다(March & Simon, 1958; Morris & Sherman,1981). 이는 교사들의 연령이 높을수록 개인의 가치가 감소하여 현재의 조직에 헌신한다는 것이다(Herbinisk & Alutto, 1972). 학력에 있어서 Martin(1986)은 학력과 헌신이 정적 관계를 있음을 보여주었으나, Morris와 Sherman(1981)의 연구에서는 부적인 관계로 나타났다. 이는 학력이 높을수록 조직이 개인의 기대를 충족시키지 못하는 데서 비롯된다는 것이다. 재직기간에 있어서도 연령과 같은 결과가 나왔다. 즉 재직기간이 많아지면 임금과 직위가 상승하므로 조직에 대한 애착과 헌신성이 높아진다는 것이다(Angle & Perry, 1981).

둘째, 조직특성요인이다. 이에 대한 연구는 범위가 매우 다양하다. Stevens 외(1978)는 조직구조요인으로 조직규모, 노조유무, 권위 집중도, 관리층 비율(percent of supervision), 통제의 범위 등을 제시하였다. 연구결과에서는 이들은 헌신성과 상관이 없는 것으로 나타났다. 그러나 Morris와 Steer(1980)의 연구에서는 분권화, 기능적 의존도, 공식화에 대한 결과가 Stevens 외(1978)의 결과와 달리 헌신성과 관계가 있는 것으로 나타났다. 즉 의사결정의 분권화, 다른 업무에 대한 의존성, 성문화된 규칙 등을 보다 많이 경험한 구성원일수록 헌신성이 높다는 것이다.

또한, Luthans 외(1987)는 조직특성요인들과 헌신성 간의 연구에서 지도성과 감독에 대한 만족도 등은 개별적으로 헌신성과 의미 있는 상관이 있을 뿐만 아니라, 전체적으로 매우 유의한 수준에서 헌신성에 영향을 주는 것으로 나타났다. Angle과 Perry(1983)는 조직특성요인이 헌신성에 어떤 영향을 주는지를 분석한 결과, 조직특성요인들은 헌신성에 대한 전체적인 영향력 중에서 개인 특성요인들에 미치는 영향력에 비해 더 많은 영향력을 미치고 있음을 밝혀냈다. 또 헌신성에 대한 조직특성요인들 간의 상호 영향력 비교에서는 조직에 의한 대우, 성취수준 그리고 직무보상 여부 등의 순으로 헌신성에 많은 영향을 미치고 있다는 결과도 제시하였다. Machieu와 Zajac(1990)

은 선행연구물을 다단계 분류법을 활용하여 집단의 응집력과 지도성, 조직규모와 권력의 집중화 정도 등이 헌신성과 유의한 상관이 있는 것으로 나타났고, Rosenholtz(1989, 1990)는 학교장의 지도성이 교사의 헌신성 수준에 영향을 미치는 중요한 요인임을 밝혔고, Reyes (1992)는 학교행정가의 조직적 지원은 교사의 헌신성에 중요한 영향 요인임을 제시하였다.

셋째, 지도성 유형요인이다. 이에 대한 연구들은 대부분 국내 연구들에서 나타나는 특징이다. 학교장이 변혁적 지도성을 발휘하게 되면 교사의 헌신은 높아진다는 것이다(권혁래, 2005; 최창현, 1998). 또한 지도성 유형을 효율적으로 적절히 발휘하는 학교장의 경우에 교사의 헌신이 높다는 것이다(유학현, 1989).

지금까지 위에서 헌신성에 대한 선행연구들을 종합하여 보면 연구자들의 시각은 다양하지만 학교조직의 요인, 교사 개인적 요인, 지도자 유형요인 등이 조직구성원들의 헌신성에 상관관계가 있고 영향을 준다는 것을 알 수 있었다. 본 연구에서는 독립변인인 학교장의 도덕적 지도성의 특성을 고려하여 헌신성의 개념을 조직의 가치, 충성, 목표성취 등을 강조하는 심리학적 관점을 취하는 것이 타당하다고 본다. 따라서 교사의 헌신성 개념은 교사가 조직의 목표나 가치를 수용하려는 신념, 조직의 목표를 성취하려는 욕구를 느끼며, 조직을 위하여 헌신하려는 자발적 충성심을 나타내는 것이라고 할 수 있다. 그 구성요인은, ① 적절한 가치수용, ② 목표에 대한 성취의지, ③ 충성심 등으로 선정하였다. 헌신성의 구성요인들의 내용을 살펴보면 다음과 같다.

첫째, 교사의 적절한 가치수용은 조직의 가치를 이해하고, 조직을 위해 적극적으로 행동할 수 있는 태도를 말한다. 그러므로 교사의 적절한 가치수용의 개념은 교사가 조직의 가치를 이해하여 수용하는 것이라고 정의할 수 있다. 둘째, 교사의 목표에 대한 성취 의지는 교사가 학교조직의 목표를 적극적으로 성취하려는 태도나 행동을 말한다. 그러므로 교사의 목표에 대한 성취의지는 교사가 조직의 목표를 성취하려는 의지라고 정의할 수 있다. 셋째, 교사의 충성심은 교사가 학교조직에 적극적으로 충성하고 헌신하는 태도나 행동을 말한다. 그러므로 교사의 충성심은 교사가 학교조직에 충성심을 갖는 것이라고 정의할 수 있다.

지금까지 살펴본 학교조직의 효과성 차원과 구성요인들을 정리하여 보면 아래와 같다.

〈표 Ⅱ-6〉 학교조직의 효과성 차원과 구성요인

	직무성과 교사가 학교조직이 의도한 기본적인 직무를 수행한 결과의 수준 정도	헌신성 교사가 조직의 목표나 가치를 수용하려는 신념, 조직의 목표를 성취하려는 욕구를 느끼며, 조직을 위하여 헌신하려는 자발적인 충성심의 수준 정도
학교조직의 효과성 차원		
구성요인	수업준비 교사가 교재연구 및 수업 자료를 사전에 준비하는 수준 정도	가치 수용 교사가 조직의 가치를 이해하여 수용하는 수준의 정도
	학습지도 교사의 개별 및 집단 학습지도 능력의 수준 정도	목표에 대한 성취 의지 교사가 조직의 목표를 성취하려는 의지의 수준 정도
	생활지도 교사의 개별 및 집단의 생활지도 능력의 수준 정도	
	학급경영 교사의 학급 환경의 구성 및 학급관리 능력의 수준 정도	충성심 교사가 학교조직에 충성심을 갖는 수준 정도
	근무상태 교사의 출근상황 및 업무의 정확성 수준 정도	

4. 연구변인 간의 관계

1) 도덕적 지도성과 조직 효과성과의 관계

Laura(2005)는 지도성에 대한 150개의 질적·양적 연구 자료의 분석을 통하여 지도자의 가치(청렴, 정직, 겸손 등), 실천(practices) 그리고 효과적인 리더십 간에는 분명한 일치성이 있음을 제시하였다. 즉 일상생활에서의 영성(spirituality)과 관계된 실천은 많은 영적인 가르침을 강조해 왔고, 그러한 영적인 가르침은 타인에 대한 존경, 공정한 대우, 관심과 배려의 표현, 반응적인 청취, 타인의 공헌 인정, 반성적 실천 등 리더십에 있어서 필요한 중요한 기술(skill)로 발견되었다. 그는 기존의 많은 연구 자료들이 지도자들의 이러한 영적인 실천을 통해서 조직 효과성이 증가된다는 것을 제시하였다.

Vitell과 Davis(1990)도 정보체계관리 전문가들을 대상으로 조직 내의 도덕적 풍토가 직무만족에 영향을 주는지에 대한 실증적 연구를 수행하였다. 그 결과, 정보체계관리 전문가들은 최고관리자들이 도덕적 행위와 성공 간의 관계가 낙관적일 때는 직무에 만족하는 것으로 나타났다.

국내 연구로 이경옥(2001: 72−75)은 중등학교 교사를 대상으로 "학교조직에서의 도덕적 지도성과 조직건강과의 관계 연구"에서 도덕적 지도성과 조직건강의 상관관계는 매우 높게 나타났다. 교장의 행동특성 중 품성과 능력요인, 교사의 직무 수행 특성요인과 조직건

강 전체의 상관은 r=.644(p<.001)에서 r=.794로 매우 높은 상관을
나타냈다. 교장의 행동특성과 교사의 직무 수행 특성의 상관도는 r
=.492에서 r=.524로 비교적 정적 상관을 이루고 있다. 도덕적 지도
성이 조직건강에 미치는 영향력은 63%로 나타났다.

최홍규(2001: 47-49)도 고등학교 교사를 대상으로 "고등학교장의
도덕적 지도성 수준과 교사의 직무만족과의 관계 연구"에서 도덕적
지도성 수준과 직무만족도의 관계는 상집단의 직무만족도(M=3.72)
가 하집단(M=2.73)보다 높게 나타났다. 이는 전체적으로 교장의 도
덕적 지도성 수준이 높은 학교에 근무하는 교사들이 낮은 학교에 근
무하는 교사들보다 교직 업무에 더 만족감을 느끼고 있음을 알 수
있다. 또 도덕적 지도성은 지역과 관계없이 도덕적 지도성하에 있는
교사가 그렇지 못한 교사보다 더 교직에 만족을 느끼고 있는 것으로
나타났다.

또한, 이장우(2000: 47-49)는 초등 및 중등학교 교사들을 대상으
로 "학교조직에서의 도덕적 지도성과 교사의 조직헌신성의 관계 연
구"에서 도덕적 지도성과 조직헌신성 간에 .432 정도의 정적인 상관
관계를 보여주었다. 도덕적 지도성은 조직헌신성의 직무 수행에
45.8%의 영향을 주는 것으로 나타났다.

김필녀(2003: 85-86)도 초등학교 교사들을 대상으로 "초등학교장
의 도덕적 지도성과 교사의 활력화가 학교조직의 효과성에 미치는
영향"이라는 연구에서 도덕적 지도성의 구성요인과 학교조직 효과성
의 구성요인의 상관계수는 .67(p<.001)로 나타났으며, 특히 직무만족
(r=.568)과 상관이 가장 높았으며, 다른 구성요인들과도 상관이 비

교적 높은 편이었다. 학교조직 효과성 정도는 지도자의 능력(r=.598)
과 상관이 있으며, 지도자의 품성(r=.574)과도 상관이 있었다. 도덕
적 지도성이 조직 효과성에 대한 설명력은 37.7%로 나타났다.

이상에서와 같이 도덕적 지도성과 효과성 간의 실증적인 연구에서
조직의 풍토가 도덕적이거나 지도자가 도덕적 품성을 가지고 지도성
을 발휘할 때는 조직의 효과성이 매우 큰 것으로 나타났다. 특히,
도덕적 지도성이 직무만족, 헌신성, 적응성, 생산성, 조직건강 등에
긍정적인 영향을 준다는 사실을 알 수 있었다.

2) 학교장의 지도성·학교조직의 상황·학교조직
   효과성 간의 관계

앞에서 도덕적 지도성이 조직 효과성에 긍정적인 영향을 준다는
실증적인 결과를 선행연구의 고찰을 통해서 살펴보았으나, 본 연구
의 주된 관심사인 도덕적 지도성이 조직 효과성에 영향을 주는 관계
에서 학교조직의 상황이 어떤 영향을 주는가에 대한 종합적인 연구
나 부분적인 연구는 수행되지 않았다. 즉 학교조직의 상황을 고려한
관계 연구가 전무한 상태였다. 그러나 학교장의 지도성, 학교조직의
상황, 학교조직 효과성과 관련된 선행연구들을 고찰함으로써 본 연
구자가 수행하려는 연구문제에 대한 개념 모형을 제시할 수 있다고
생각한다.

김창걸(1983: 105)은 "교장의 지도성 행위·상황·학교 효과성 간

의 관계 연구"에서 교장의 지도성 행위의 구성요인을 과업구조와 인화관계성으로 하고, 상황의 구성요인으로는 구성원들의 성숙성, 조직의 의사소통, 직무특성 등으로 하고, 조직 효과성 요인으로 직무만족, 직무성과, 조직적응성으로 설정하여 상황 요인을 배제시킨 지도성 행위와 조직 효과성 간의 편 상관관계와 이들 변수 간의 경로분석에서 지도성 행위가 조직 효과성에 직접적인 효과를 주기보다는 상황 요인을 통해 간접적으로 미치는 영향이 더 크게 나타났다. 물론 부분적으로 계수의 차이는 있었지만 전체적으로 상황에 의한 간접효과가 더 큰 것으로 나타났다.

또 이상채(1987)도 "학교장의 지도성 행위·상황·조직건강 간의 관계 연구"에서 교장의 지도성 행위의 구성요인으로 과업지향적 행위, 인화지향적 행위로 구분하고 상황의 구성요인으로 성숙성, 의사소통, 직무특성 등으로 하고, 조직건강의 구성요인을 조직적응성, 생산성, 자원 활용의 적절성, 응집성, 자율성, 목표 지향성, 권력 배분의 적절성 등으로 설정하였다. 학교장의 지도성 행위요인과 상황 요인은 종속변인인 조직건강에 대하여 독립변인이 되고, 지도성 행위요인, 상황 요인 그리고 조직건강요인에서는 학교장의 지도성 행위요인을 독립변인으로 하고, 상황 요인을 매개변인으로, 조직건강요인을 종속변인으로 해서 세 변인 간의 관계를 탐색한 결과, 지도성 행위의 과업지향적 행위와 상황 및 조직건강과의 관계에서 직접 효과는 .106인 데 비해 간접효과는 .555로 더 크게 나타났다. 또 인화 지향적 행위와 상황 및 조직건강과의 관계에서도 직접 효과는 .434인데 비해 간접 효과는 .439로 나타났다. 이러한 결과는 학교장의 지도성의 구성요인인 과업 및 인화지향성 모두가 조직건강에 직접적으로 미치는 영향보다는 교사집단의 성숙성이나 의사소통, 직무특성 등 상황의 구성요인을 통해서 간접적으로 미치는 영향이 크다는 것을 알 수 있었다.

외국의 연구자로 Kriger와 Yvonne(2005)는 Yukl의 리더십 효과에 대한 다중연결모델을 활용하여 종교집단의 리더의 가치, 태도, 신념, 비전, 도덕적 모범 등이 종교집단의 상황(부하의 노력, 조직의 응집력과 팀워크, 자원과 지원 서비스, 부하의 과업숙련도, 부하의 노력 등)을 호전시켜 부하들의 만족, 집단적인 조직의 선(good), 조직의 과업수행, 가치와 비전의 실현 등의 성과로 나타난다는 가설적 모델을 제시하였다.

김창걸(1983)과 이상채(1987)의 연구는 '상황'을 매개변인으로 하였기 때문에, 본 연구의 조절변인과는 다소 차이가 있을 것이다. 그러나 Fiedler(1967)는 상황이론에서 조직의 성과는 지도자 유형과 상황적 호의성의 결합에 따라 달라진다고 하였고, 조직의 상황과 조직 효과성에 대한 종래의 연구에서도 상황의 구성요인들이 조직 효과성에 긍정적인 영향을 주는 것으로 나타난 것으로 보아(김성열, 1978; 이은찬, 1981), 상황변인은 지도성과 효과성 관계에서 조절변인의 역할을 하기 때문에 본 연구의 개념 모형을 설정하는 데 무리가 없다고 본다.

Kriger와 Yvonne(2005)의 연구는 가설적인 모형을 제시하였지만, 이미 Yukl(1981)의 리더십 효과에 대한 다중연결모델이 검증되어 지도성 이론으로 지지를 받고 있으며, 사회 실제에 있어서도 종교집단의 가치나 도덕적 행위는 종교를 신봉하는 사람들의 행위에 상당한 영향을 주어 믿음에 대한 만족, 봉사와 헌신, 가치의 실현으로 나타나고 있는 것을 사회 실제에서 간접적으로 확인할 수가 있는 것으로 보아, 본 연구의 개념 모형을 지지하는 것으로 본다. 따라서 Fielder의 상황이론과 상황과 관련된 위의 선행연구들이 학교 상황에 따라 학교장의 도덕적 지도성이 학교조직 효과성에 미치는 영향을 밝혀보려는 본 연구의 개념 모형의 명분을 제시한다고 본다.

본 연구의 기본변인은 학교장의 도덕적 지도성, 학교조직의 상황, 그리고 학교조직의 효과성이다. 이들의 관계는 학교장의 도덕적 지도성은 독립변인으로 하고, 학교조직의 상황은 조절변인으로, 그리고 학교조직의 효과성은 결과변인이 된다. 본 연구에서는 이들 변인들과 그 구성요인들과의 관계를 밝혀보고자 한다. 본 연구의 개념 모형은 <그림Ⅱ-4>와 같다.

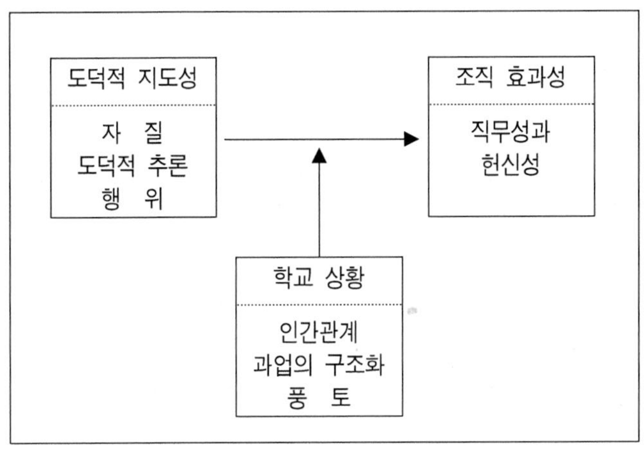

〈그림 Ⅱ-4〉 연구 개념 모형

1. 조사대상

조사대상의 표집은 서울시 교육청 홈페이지의 통계란에 수록되어 있는 서울시에 소재한 학교급별 주소를 근거로 하였다. 서울시 교육청 산하에 있는 11개 지역 교육청의 초등학교 557개교, 중학교 365개교, 고등학교 214개교 등 학교급별 수의 비율에 따라 초등학교(5):중학교(3):고등학교(2)로 하여 11개의 각 지역교육청별로 초등학교는 5개 학교씩 총 55학교, 중학교는 각 지역교육청별로 3개 학교씩 총 33학교, 고등학교는 인문계 고등학교를 중심으로 각 지역교육청별로 2개 학교씩 총 22학교 모두 110개 학교들을 무선 표집하였다. 각 학교별로 무작위로 10명의 교사들에게 총 1,100개의 질문지를 배포하여 843부(76.6%)가 회수되었으나, 설문의 응답이 성실하지 못한 13명의 설문지를 제외한 830부의 응답 자료를 분석하였다. 단, 교장과 교감은 표집 대상에서 제외되었다.

조사기간은 2005년 4월 15일부터 4월 21일까지 1주일이었다. 질문지를 배포하기 전에 각급 학교의 교무부장이나 연구부장, 또는 교감에게 질문지에 대한 응답에 협조를 요청하는 전화를 하였으며, 우편봉투에 감사의 글과 함께 응답방법에 대한 상세한 안내서를 동봉하여 반송봉투와 함께 배송하였다.

조사대상자들의 학교특성은 학교 규모별, 학교설립 유형별, 학교급별로 나누었고, 교사 개인 특성으로는 성별, 교직경력별, 학력별로 구분하였다. 최종분석에 포함된 교사들의 특징과 그들이 근무하는 학교의 특징을 <표 Ⅲ-1> 중심으로 살펴보았다.

〈표 Ⅲ-1〉 교사의 배경변인과 학교특성

변 수	구 분	빈 도	백분율	평균값	표준편차
성 별	남	314	37.8		
	여	513	61.8		
교직경력	10년 미만	232	28.0	16.6	9.5
	10년~19년	264	31.8		
	20년~29년	245	29.5		
	30년 이상	83	10.0		
학 력	대학졸	540	65.1		
	대학원졸	287	34.6		
학교의 설립 유형	국공립	679	81.8		
	사 립	149	18.0		

변 수	구 분	빈 도	백분율	평균값	표준편차
학교급별	초등학교	360	43.4		
	중학교	284	34.2		
	고등학교	184	22.2		
학교 규모 (학급수)	19개 이하	60	7.2	38.6	12.6
	20~29개	139	16.7		
	30~39개	303	36.5		
	40~49개	143	17.2		
	50~59개	125	15.1		
	60개 이상	54	6.5		

성별을 살펴보면, 여교사는 513명(61.8%)이었고 남교사는 314명(37.8%)이 조사되었다. 교직경력은 평균 16.6년으로 나타났는데, 경력 10년에서 20년 미만의 교사가 전체의 31.8%인 264명, 20년 경력에서 30년 경력을 지닌 교사가 전체의 29.5%인 245명, 경력 10년 미만의 교사가 28.2%인 232명, 30년 이상 경력의 교사는 10%인 83명의 교사가 응답하였다. 학력에 있어서는 대학을 졸업한 교사(65.1%)가 대학원을 마친 교사(34.6%)보다 많았다.

학교의 특성으로 설립 유형을 살펴보면, 국·공립학교에 근무하는 교사가 전체의 81.8%인 679명이었으며, 사립은 18%인 149명이었다. 학교급별로는 초등학교에 재직 중인 교사가 360명, 중학교가 284명, 고등학교 184명이었다. 학교 규모 면에서는 30학급에서 39학급이 있는 학교에 근무하는 교사가 전체의 36.5%를 차지하였고, 19학급 이하인 학교에서 근무하는 교사가 7.2%, 60학급 이상이 있는 학교에 근무하는 교사가 6.5%로 나타났다.

2. 측정도구 제작

본 연구의 질문지를 개발하기 위해 문헌연구, 파일럿 연구, 전문가 집단 조사 등을 사용하였다. 문헌연구를 통해서 구성요인들을 설정하기 위한 이론적 배경을 밝히고 이것들의 관계를 고찰하였다. 이를 토대로 관계모형을 제시하고, 측정을 위한 조작적 정의와 구성요인들을 설정하였다.

1) 학교장의 도덕적 지도성의 측정 질문지

학교장의 도덕적 지도성 행위를 측정하기 위해 설정한 구성요인에 따라 일부 문항들은 선행연구들의 측정척도를 참고하여 제작하였고, 다른 일부는 연구자가 직접 제작하여 Likert식 5점 척도로 측정하였다. 또한 1, 2차에 걸친 세 명의 교육행정학자들과 한 명의 문항제작 전문가의 검토를 거쳐 안면 타당도와 구인 타당도를 확보하였고, 요인분석(부록-6)과 신뢰도 검증(표 Ⅲ-2)을 통해 26개 문항을 구성하였다.

학교장의 도덕적 지도성 구성요인으로는 도덕적 자질, 도덕적 추론 그리고 도덕적 행위로 설정하였다. 자질에 대한 구성요인으로는 청렴성, 사명감, 공정성, 책임감을 설정하였다. 학교장의 도덕적 자질 요인은 명제창(1998)과 김필녀(2003)의 도구를 일부 참고하여 연구자가 연구의 목적에 알맞게 개작한 후, 최종적으로 확정된 11개 문항들을 사용하였다.

도덕적 추론의 구성요인으로는 이성적 판단 및 태도와 이타적인 결정 및 태도로 설정하였다. 이를 측정하기 위해 연구자가 직접 제작하여 최종적으로 확정된 7개 문항들을 사용하였다.

도덕적 행위에 대한 구성요인으로는 정직과 봉사로 설정하였다. 이를 측정하기 위해 본 연구자가 직접 제작하여 최종적으로 확정된 8개 문항들을 사용하였다. 학교장의 도덕적 지도성의 구성요인별 문항과 신뢰도는 아래와 같다.

〈표 Ⅲ-2〉 학교장의 도덕적 지도성 차원의 구성요인별 문항과 신뢰도

도덕적 지도성 차원	구성요인	문항번호	신뢰도
도덕적 자질	청렴성	1, 2	.948
	사명감	3, 4, 5, 6	
	공정성	7, 8, 9	
	책임감	10, 11	
도덕적 추론	이성적 판단 및 태도	12, 13. 14, 15	.956
	이타적인 결정 및 태도	16, 17, 18	
도덕적 행위	정 직	19, 20, 21, 22	.940
	봉 사	23, 24, 25, 26	
전 체			.975

도덕적 지도성에 대한 타당도를 검증하기 위한 요인분석 결과는
<부록-6>에 첨부되었다.

2) 학교조직 상황의 측정 질문지

학교조직 내에 실재하는 학교 상황의 요인들이 무엇인지를 파악하기 위해, 초·중등학교에서 근무하고 있는 52명의 현직교사들에게 현재 지각하고 있는 학교의 상황을 묻는 질문을 2005년 1월 15일~1월 22일까지 약 8일간 실시하였다. 그 질문의 내용은 '학교장이 높은 도덕적 자질(청렴성, 공정성, 사명감, 책임감 등)을 소유하고, 도덕적 추론에 의해 합리적인 의사결정을 하며, 교사들에게 정직하게 대하고 헌신적으로 봉사하여 학교를 효과적으로 이끄는 지도성'을 학교장의 도덕적 지도성이라고 한다면, 학교 내의 어떤 상황에 의해 교장의 도덕적 지도성이 학교의 좋은 성과를 낼 수 있다고 생각하는지를 기술해 달라는 설문이었다. 응답하는 교사들에게 학교 내 상황의 요인을 하나 이상 적고 우선순위를 정하도록 부탁하였다.

특히 학교장의 도덕적 지도성의 개념을 본 연구자의 조작적 정의로 제시한 이유는 응답자가 학교장의 도덕적 지도성의 개념을 좀 더 쉽게 이해시키기 위한 것이었다. 이에 대한 설문내용은 <부록-1>에 제시되었다.

조사의 방법은 대부분 직접 만나서 작성요령을 설명하였고, 때로는 전화 와 인터넷을 활용하였다. 52명의 응답 교사들 중 7명은 현재 대

학원에서 교육행정학 석사 또는 박사학위 과정에 있는 교사들이고, 이 중 3명은 이미 교육행정학 박사학위를 취득한 교사들이었다. 본 연구의 독립변인인 학교장의 도덕적 지도성과 관련한 학교조직 상황의 구성요인을 좀 더 구체적으로 파악하기 위해서 본 연구자는 교육행정학 박사학위를 취득한 3명의 현직 교사들과 의견을 여러 번 나누었다. 이 연구의 응답교사들에 대한 자세한 현황은 <표 Ⅲ-3>에 제시하였다.

학교조직 내로 한정하여 학교 상황을 파악하기 위한 파일럿 연구의 결과는 <Ⅲ-4>에 제시된 바와 같이, 학교조직 상황의 구성요인들의 공통점을 고려하여 ① 인간관계 차원, ② 풍토 차원, ③ 직무관계 차원 등으로 대별하여 나눌 수 있었다. 다만, 직무관계 차원으로 보기 어려운 요인들을 직무관계 차원으로 분류한 것은 연구자의 편의적 임의에 의한 것이었다.

〈표 Ⅲ-3〉 학교조직 상황의 구성요인에 대한 설문지의 응답 현황

성 별	교직경력	설립별	학교별	응답자수	조사방법	조사기간
남: 29명 여: 23명	①1~5년: 9명 ②6~10년: 5명 ③11~15년: 19명 ④16~20년: 8명 ⑤21~25년: 7명 ⑥26~30년 이상: 4명	국공립: 40명 사 립: 12명	초등: 32명 중등: 20명	총: 52명	①현장조사 ②인터넷 ③전화	2005년 1 월 1 5 일 ~ 1 월 22일까지

이 조사 결과에서 특히 <표 Ⅲ-4>에 나타난 바와 같이 교사들은 다른 차원의 요인보다 인간관계 요인을 학교조직 내의 중요한 상황요인으로 지각하고 있다는 것이 파일럿 연구의 특징이다.

<표 Ⅲ-4> 학교조직 상황 차원의 구성요인에 대한 교사의 인식 조사 결과

학교조직의 상황 차원	구성요인	빈도수
인간관계 차원	구성원 간의 인간관계 (교장-교사, 교사-교사)	52 / 166
	구성원의 전문성	7 / 166
풍토 차원	개방적(수업적) 분위기	35 / 166
	윤리적 문화	15 / 166
직무관계 차원	지원적인 행정	7 / 166
	학습자 중심업무	4 / 166
	근무여건	12 / 166
	과업의 구조화	25 / 166
	원활한 의사소통	2 / 166
	권한위임	7 / 166

<표 Ⅲ-4>에서 나타난 학교 상황의 구성요인들 중에서 학교조직 상황의 구성요인으로 설정하기 위해 전문가 집단 조사를 하였다. 즉 학교조직 상황의 구성요인을 도출하기 위해 이미 파일럿 연구에서 나타난 3개의 각 차원(인간관계 차원, 풍토 차원, 직무관계 차원 등)에서 각각의 구성요인들의 우선순위를 정하여, 최종적으로 3개의 요인을 학교조직 상황의 구성요인으로 선정하고자 교육행정학자 10명에게 구성요인들의 우선순위를 정하도록 의뢰하였다. 이 전문가 집단조사에 사용한 설문지는 파일럿 연구의 설문지 <부록-1>를 참조하여 작성하였다<부록-2>. 요인선정의 방법은 파일럿 연구의 각 차원에 속하는 10개의 구성요인들을 중요도에 따라 각 차원별로 우선순위를 정하도록 의뢰하였다.

조사절차는 2005년 3월 15일부터 3월 25일까지 약 11일간 실시하였다. 특히, 교육행정학자의 의견을 높이기 위해 전화와 인터넷을 사용하였고, 때로는 직접 방문하여 실시하기도 하였다. 조사의 응답률은 100%로 나타났다. 그 결과는 <표 Ⅲ-5>에 나타난 바와 같다. 구성요인 선정의 기준은 각 차원의 구성요인에서 1위로 선정된 요인을 선정하였다. 학교 상황의 구성요인을 굳이 세 개로 선정한 이유는 본 연구가 Fiedler의 상황모델을 활용한 점과 대부분의 선행연구들이 기술상의 이유로 두 개나 세 개를 선정하고 있기 때문에 본 연구자도 이를 따랐다. 선정된 구성요인으로는 인간관계, 과업의 구조화, 학교풍토 등으로 나타났다.

〈표 Ⅲ-5〉 학교조직 상황 차원의 구성요인 선정을 위한 전문가 집단 조사 결과

학교조직의 상황 차원	구성요인	우선순위
인간관계 차원	구성원 간의 인간관계 (교장-교사, 교사-교사)	7 / 10(1)
	구성원의 전문성	3 / 10(2)
직무관계 차원	지원적인 행정	0 / 10
	학습자 중심업무	0 / 10
	근무여건	0 / 10
	과업의 구조화	5 / 10(1)
	원활한 의사소통	3 / 10(2)
	권한위임	2 / 10(3)
풍토 차원	개방적(수업적) 분위기	6 / 10(1)
	윤리적 문화	4 / 10(2)

* 우선순위 난의 ( )의 숫자는 각 차원의 순위 표시이고, 10은 조사대상자의 총 인원임.

학교조직 상황의 요인들을 측정하기 위해 본 연구에서 설정한 구성요인을 설명할 수 있는 문항들은 선행연구들을 참고하여 연구자가 대부분 직접 제작하여 Likert식 5점 척도로 측정되었다.

1, 2차에 걸친 세 명의 교육행정학자들과 한 명의 문항제작 전문가의 검토를 통하여 안면 타당도와 구인 타당도를 확보하여 재구성된 25개의 문항들은 요인분석<부록-7>과 신뢰도 검증<표 Ⅲ-6>을 거쳐 확정되었다.

학교조직 상황의 구성요인들은 교장과 교사 상호간의 인간관계 및 교사 상호간의 인간관계를 묶은 인간관계로 하고, 과업의 구조화는 그대로, 개방적인 분위기와 수업 지향적인 분위기는 학교풍토로 설정하였다. 이들에 대한 구체적인 내용은 다음과 같다.

인간관계에 대한 구성요인으로는 교사의 가치존중, 교장의 권위인정, 교사 간 상호협조, 원활한 의사소통 등으로 설정하였다. 이를 측정하기 위해 본 연구자가 직접 제작하여 최종적으로 확정된 7개 문항들을 사용하였다.

과업의 구조화에 대한 구성요인으로는 능률성, 명확한 과업목표의 명시, 명확한 과업달성방법의 명시 등을 설정하였다. 이것들을 측정하기 위하여 Fielder(1967)의 도구의 일부를 참고하여 본 연구자가 연구의 목적에 알맞게 제작한 후, 최종적으로 확정된 8개 문항들을 사용하였다.

학교풍토에 대한 구성요인은 우선, 교사의 자율성과 교장의 배려이다. 이에 대한 측정도구는 Halpin & Croft(1963)의 OCDQ를 본 연구에 적합하게 연구자가 개작하였다. 수업 지향성 요인은 본 연구의 목적에 알맞게 연구자가 직접 제작하였다. 최종적으로 확정된 총 10개 문항들은 학교풍토의 구성요인의 측정도구로 사용되었다.

학교조직 상황 차원의 구성요인별 문항과 신뢰도는 아래와 같다.

〈표 Ⅲ-6〉 학교조직 상황 차원의 구성요인별 문항과 신뢰도

학교조직 상황 차원	구성요인	문항번호	신뢰도
인간관계	교사의 가치존중	27, 28	.888
	교장의 권위인정	29, 30	
	교사간 상호협조	31	
	원활한 의사소통	32, 33	
과업의 구조화	능률성	34, 35	.924
	과업의 목표 명시	36, 37, 38	
	과업달성방법 명시	39, 40, 41	
학교풍토	교사의 자율성	42	.922
	교장의 배려	43, 44, 45, 46	
	수업 지향성	47, 48, 49, 50, 51	
전 체			.958

학교조직 상황에 대한 타당도를 검증하기 위한 요인분석 결과는 〈부록-7〉에 첨부되었다.

3) 학교조직의 조직 효과성의 측정 질문지

학교조직 효과성을 측정하기 위해 본 연구에서 설정한 구성요인을

설명할 수 있는 문항들은 검증된 선행연구자들의 도구를 수정, 보완을 통해 재구성하여 Likert식 5점 척도로 측정하였다.

1, 2차에 걸친 세 명의 교육행정학자들과 한 명의 문항제작 전문가의 검토를 거쳐 안면 타당도와 구인 타당도를 확보하여 재구성된 25개의 문항들은 요인분석 <부록-8>과 신뢰도 검증을 하였다. 그 결과는 <표 Ⅲ-7>와 같다.

학교조직 효과성 차원의 구성요인별 문항과 신뢰도는 아래와 같다.

〈표 Ⅲ-7〉 학교조직 효과성 차원의 구성요인별 문항과 신뢰도

학교조직의 효과성 차원	구성요인	문항번호	신뢰도
직무성과	수업준비	52, 53	.852
	수업지도	54, 55	
	생활지도	56, 57	
	학급경영	58, 59	
	근무상태	60, 61	
헌신성	가치수용	62, 63, 64	.918
	목표성취 의지	65, 66	
	충성심	67, 68, 69	
전 체			.912

학교조직 효과성의 구성요인으로는 교사의 직무성과와 헌신성으로 설정하였다. 이들에 대한 구체적인 내용은 다음과 같다.

조직의 직무성과를 측정하기 위하여 Hoy & Miskel(1996)의 질문지 문항과 왕기항(1983) 및 김창걸(1983) 등이 이미 검증한 문항들

을 참고하여 최종 10문항을 확정하였다. 그 구성요인은 수업준비, 학습지도, 생활지도, 학급경영, 근무상태 등이다.

학교조직의 헌신성을 측정하기 위하여 Porter(1974)의 헌신성 질문지를 활용한 정재욱(1991)과 조남두(1992) 등의 문항들을 참고하여 연구자가 본 연구의 목적에 알맞게 수정, 보완한 다음, 최종 8개의 문항들을 확정하였다. 그 구성요인은 가치수용, 목표에 대한 성취 의지, 충성심 등이다.

학교조직의 효과성에 대한 타당도를 검증하기 위한 요인분석 결과는 <부록-8>에 첨부하였다.

3. 최종 질문지 구성

1) 예비검사

학교장의 도덕적 지도성, 학교조직 상황, 그리고 학교조직 효과성의 예비설문지는 문헌연구와 선행연구의 일부를 참조하여 본 연구자가 예비문항들을 자체 제작하기도 하고, 다른 일부는 검증된 선행연구의 도구를 사용하였다(<부록-3>의 예비설문지). 예비문항을 제작하는 과정에서 본 연구자는 먼저 예비문항 97개를 만들어 세 명의 교육행정학 교수님들께 문항검토를 의뢰하여 수정·보완하였고, 또한 한 분의 문항제작 전문가에게 문항검토를 의뢰하여 재차 수정·

보완하여 최종적으로 예비문항 94개를 확정하였다.

예비설문지 검사는 서울 북부 교육청에 소속된 학교들을 대상으로 유층 무선표집 방법을 사용하여 초등학교 4개(공립 4개), 중학교(사립 1개), 고등학교(사립 1개) 등 총 6개 학교를 선정하여 2005년 4월 7일부터 4월 19일까지 각 학교를 내방하여 각 학교에 20부씩 총 120부를 배포했고, 교사만을 대상으로 예비조사를 실시하였다. 회수된 설문지는 98부로 약 80%의 회수율을 보였다.

예비 설문지의 응답은 5점 척도(전혀 그렇지 않다, 거의 그렇지 않다, 보통이다, 거의 그렇다, 완전히 그렇다)를 두었고, 이 척도에 따라 응답하도록 하였다. 예비 설문지의 각 문항에 대한 타당도를 알아보기 위해 요인분석과 신뢰도 검사를 실시하였다. 즉 타당도를 알아보기 위해 요인분석 방법은 직교회전 방법인 Varimax 방법으로 회전시켰으며, 요인의 추출방법은 주성분(principal component)방법을 이용하여 각 요인별로 부하량을 알아보았다. 추출된 하위요인의 신뢰도 분석을 위하여 내적 일관성 검사방법의 하나인 Cronbach's Alpha 계수를 사용하였다.

예비 설문지의 각 하위요인에 포함되어 있는 각 문항별로 요인분석과 신뢰도 분석을 실시하였는데, 각 문항에 대한 요인 부하량은 학교장의 도덕적 지도성은 약 70%, 학교조직 상황은 약 63%, 학교조직 효과성은 약 51%로 나타났다. 각 요인에 대한 요인분석은 <부록 -6, 7, 8>에 나타난 것과 같다.

예비검사 결과인 <부록-6>을 살펴보면, 학교장의 도덕적 지도성의 각 문항별 요인분석에서 타당하게 묶이지 않는 문항은 15, 16,

18, 19문항 등 4개 문항을 제거한 후, 본검사 설문지를 구성하였다. Cronbach's Alpha 계수를 각 구성요인별로 보면 대체로 높게 나타났으며, 가장 높은 신뢰도를 보인 하위요인은 도덕적 자질로 α 계수가 .955이다. 이 과정에서 신뢰도를 만족시키지 못하는 8개 문항은 제거하여 전체적으로 신뢰도의 향상을 꾀하였다.

학교조직 내 상황의 각 문항별 요인분석에서 묶이지 않는 3개 문항을 제거한 후 본검사 설문지를 구성하였다(<부록-7>). Cronbach's Alpha 계수는 각 구성요인별로 대체로 높게 나타났으며, 가장 높은 신뢰도를 보인 구성요인은 학교풍토로 α 계수가 .931이다. 신뢰도를 만족시키지 못하는 7개 문항은 제거하였다.

학교조직 효과성의 각 문항별 요인분석에서 전체적으로 요인들은 타당도를 만족시켰으나, 신뢰도를 만족시키지 못하는 3개 문항은 제거하였다(<부록-8>). Cronbach's Alpha 계수는 각 구성요인별로 대체로 높게 나타났으며 가장 높은 신뢰도를 보인 구성요인은 헌신성으로 α 계수가 .899이다.

예비 설문지 검사결과를 종합하여 보면, 학교장의 도덕적 지도성, 학교조직 상황 그리고 학교조직 효과성에 대한 94개 문항 중에서 타당도와 신뢰도가 낮은 25개 문항을 제외하고, 충분한 타당도와 신뢰도가 확보된 문항들 중에서 학교장의 도덕적 지도성 26개 문항, 학교조직 내 상황 25개 문항, 학교조직 효과성 18개 문항으로 총 69개 문항을 최종 설문지로 작성하였다.

2) 본검사

예비 질문지의 검사결과를 바탕으로 본 조사 설문지를 69개 문항으로 확정하였다. 질문지의 구성내용으로 살펴보면 <표 Ⅲ-8>과 같다. 각 문항은 5점 척도(전혀 그렇지 않다, 거의 그렇지 않다, 보통이다, 거의 그렇다, 완전히 그렇다)를 두고 각 단계마다 1점, 2점, 3점, 4점, 5점을 부여하였다.

〈표 Ⅲ-8〉질문지 구성내용

요 인	구성 차원	구성요인	문항번호	문항 수
학교장의 도덕적 지도성	도덕적 자질	청렴성	1, 2	2
		사명감	3, 4, 5, 6	4
		공정성	7, 8, 9	3
		책임감	10, 11,	2
	도덕적 추론	이성적 판단 및 태도	12, 13, 14, 15	4
		이타적 결정 및 태도	16, 17, 18	3
	도덕적 행위	정 직	19, 20, 21, 22	4
		봉 사	23, 24, 25, 26	4
학교조직의 상황	인간관계	교사의 가치존중	27, 28,	2
		교장의 권위인정	29, 30	2
		교사 간 상호 협조	31	1
		원활한 의사소통	32, 33	2
	과업의 구조화	능률성	34, 35	2
		과업목표 명시	36, 37, 38	3
		과업달성방법 명시	39, 40, 41	3

요 인	구성 차원	구성요인	문항번호	문항 수
학교조직의 상황	학교풍토	교사의 자율성	42	1
		교장의 배려	43, 44, 45, 46	4
		수업 지향성	47, 48, 49, 50, 51	5
학교조직의 효과성	직무성과	수업준비	52, 53	2
		수업지도	54, 55	2
		생활지도	56, 57	2
		학급경영	58, 59	2
		근무상태	60, 61	2
	헌신성	가치수용	62, 63, 64	3
		목표성취의지	65, 66	2
		충성심	67, 68, 69	3

4. 자료처리

학교장의 도덕적 지도성, 학교조직의 상황 그리고 학교조직의 효과성을 교사의 특성과 학교특성에 따른 집단 간 차이를 분석하기 위해 t-검증 및 F-검증을 실시하였다.

본 연구의 주요 목적인 학교장의 도덕성이 학교조직 효과성에 미치는 영향을 분석하기 위한 선행작업으로 학교장의 도덕성을 구성하는 도덕적 자질, 도덕적 추론, 도덕적 행위와 학교조직의 상황을 구성하는 인간관계, 과업구조, 학급풍토, 그리고 학교조직의 효과성을 구성하는 교사의 직무성과와 헌신성 간에 상관관계를 분석하였다.

학교장의 도덕성이 교사의 직무성과, 헌신성, 그리고 이 두 요인을 종합한 학교조직 효과성에 미치는 영향을 분석하기 위해 다중회귀분석을 실시하였다. 그리고 학교조직의 상황에 따른 학교장의 도덕성이 학교조직 효과성에 미치는 영향 역시 다중회귀분석을 통해 탐색되었다. 자료처리 및 통계분석은 SPSS 10.0을 사용하였다. 이상의 통계처리 순서를 요약하면 다음과 같다.

(1) 설문지의 타당도: 요인분석(주성분 분석)

(2) 설문지의 신뢰도: Cronbach's Alpha 검증

(3) 인구통계학적 요인의 특성: 빈도 분석 및 t-검증과 F-검증
　　 (분산분석)

(4) 관계 및 영향력: 상관분석과 다중회귀분석

1. 교사의 특성과 학교특성에 따른 학교장의 도덕적 지도성 및 학교조직 효과성의 차이

본 장에서는 교사의 개인적 특성과 교사들이 근무하는 학교의 특성에 따라 학교장의 도덕적 지도성에 대한 인식의 차이와 학교조직 효과성에 대한 인식의 차이를 탐색한다. 교사와 학교의 특성으로 교사의 성별과 경력, 학교의 설립별 유형과 학교급별을 고려하여 교사들이 지각한 학교장의 도덕적 지도성과 학교조직 효과성의 차이를 분석하였다.

1) 교사의 성별에 따른 도덕적 지도성

학교장의 도덕적 지도성 차원의 세 구성요인인 자질, 추론, 행위에 대해 성별 차이를 살펴본 결과 다음과 같이 나타났다.

〈표 Ⅳ-1〉 교사의 성별에 따른 도덕적 지도성 차원의 차이

도덕적 지도성 차원	성 별				t값
	남		여		
	평 균	표준편차	평 균	표준편차	
도덕적 자질	3.90	0.76	3.91	0.72	-0.19
도덕적 추론	3.68	0.86	3.67	0.81	0.29
도덕적 행위	3.65	0.87	3.71	0.80	-0.96

학교장의 도덕적 지도성 차원의 세 가지 구성요인 가운데 도덕적 자질과 도덕적 행위는 여교사가 남교사보다 각각 .01과 .06이 높았으며, 도덕적 추론은 남교사가 여교사보다 .01 높은 것으로 나타났지만, 세 구성요인 모두 성별에 따라 통계적으로 의미 있는 차이를 보이지 않았다.

2) 교사의 성별에 따른 학교조직 효과성

학교조직의 효과성 차원의 구성요인인 교사의 직무성과 및 헌신성에 대한 교사의 성별차이를 보면(<표 Ⅳ-2> 참조), 직무성과는 여교사가 남교사보다 높은 것으로 나타났다. 헌신성은 반대로 남교사가 여교사보다 더 높은 것으로 나타났다. 이런 결과는 통계적으로도 의미 있는 차이를 보였다. 따라서 여교사가 수업준비, 근무상태, 학

급경영, 수업지도, 생활지도 등과 같은 요인과 관련된 교사의 직무성
과 측면을 높게 인식한 반면, 남교사는 학교조직의 가치를 더 수용
한다든지, 목표 성취에 대한 의지, 그리고 조직에 좀 더 충성된 경
향을 보인다고 할 수 있다.

〈표 Ⅳ-2〉 교사의 성별에 따른 교사의 직무성과와 헌신성 차이

효과성 차원	성 별				t값
	남		여		
	평균	표준편차	평균	표준편차	
직무성과	3.79	0.46	3.86	0.44	−2.05[*]
헌신성	3.92	0.62	3.73	0.65	4.22[***]

* $p < .05$, *** $p < .001$

3) 교사의 경력에 따른 도덕적 지도성

교사의 경력에 따른 학교장의 도덕적 지도성 차원의 세 구성요인
의 차이는 <표 Ⅳ-3>와 같다. 전반적인 경향은 교사의 교직경력이
높을수록 학교장의 도덕적 자질, 도덕적 추론, 도덕적 행위 등 모든
면에서 더 높게 나타나 학교장의 도덕적 지도성을 높게 인식하는 것
으로 나타났다. 각 집단 간의 차이를 사후검증을 통해 알아본 결과,
교장의 도덕적 자질과 도덕적 추론에 대한 인식차이는 교사의 경력
이 적어도 10년 이상 차이가 나야 통계적으로 유의미한 차이를 보
였다. 예를 들면, 10년 미만 교사집단의 학교장에 대한 도덕적 자질

과 추론에 대한 인식은 교직경력이 20년 이상의 교사집단보다는 낮은 것으로 나타났다.

〈표 Ⅳ-3〉 교직경력에 따른 도덕적 지도성 차원의 구성요인의 분산분석

차 원		제곱합	자유도	평균제곱합	F값
도덕자질	집단-간	10.903	3	3.634	6.907[***]
	집단-내	431.438	820	.526	
	합 계	442.341	823		
도덕추론	집단-간	16.851	3	5.617	8.353[***]
	집단-내	551.421	820	.672	
	합 계	568.273	823		
도덕행위	집단-간	10.553	3	3.518	5.258[**]
	집단-내	548.539	820	.669	
	합 계	559.092	823		

** p<.01, *** p<.001

학교장의 도덕적 행위에 대한 인식은 30년 이상의 경력을 지닌 교사집단이 10년 미만의 교사집단과 10년에서 20년 미만의 집단보다 더 높게 나타났다. 이러한 결과는 교직경력이 많은 교사는 유교문화의 영향 때문이고, 상대적으로 교직경력이 짧은 교사는 서양문화에 영향을 많이 받았기 때문이라고 추정된다. 따라서 교직경력이 상대적으로 많으면 많을수록 학교장의 도덕적 지도성을 높게 인식하는 것으로 여겨진다.

<표 Ⅳ-4> 교직경력에 따른 도덕적 지도성 차원의 구성요인의 차이 사후검증

차 원	(I) 교사경력(범주별)	(J) 교사경력(범주별)	평균차(I-J)	표준오차
도덕자질	10년 미만	10년~20년 미만	.0193	.06528
		20년~30년 미만	-.1878*	.06645
		30년 이상	-.2986*	.09277
	10년~20년 미만	10년 미만	-.0193	.06528
		20년~30년 미만	-.2071*	.06435
		30년 이상	-.3179*	.09128
	20년~30년 미만	10년 미만	.1878*	.06645
		10년~20년 미만	.2071*	.06435
		30년 이상	-.1108	.09212
	30년 이상	10년 미만	.2986*	.09277
		10년~20년 미만	.3179*	.09128
		20년~30년 미만	.1108	.09212
도덕추론	10년 미만	10년~20년 미만	-.0689	.07380
		20년~30년 미만	-.3094*	.07512
		30년 이상	-.3603*	.10488
	10년~20년 미만	10년 미만	.0689	.07380
		20년~30년 미만	-.2405*	.07275
		30년 이상	-.2914*	.10319
	20년~30년 미만	10년 미만	.3094*	.07512
		10년~20년 미만	.2405*	.07275
		30년 이상	-.0509	.10415
	30년 이상	10년 미만	.3603*	.10488
		10년~20년 미만	.2914*	.10319
		20년~30년 미만	.0509	.10415
도덕행위	10년 미만	10년~20년 미만	-.0394	.07360
		20년~30년 미만	-.1927	.07493
		30년 이상	-.3499*	.10461
	10년~20년 미만	10년 미만	.0394	.07360
		20년~30년 미만	-.1532	.07256
		30년 이상	-.3105*	.10292
	20년~30년 미만	10년 미만	.1927	.07493
		10년~20년 미만	.1532	.07256
		30년 이상	-.1573	.10388
	30년 이상	10년 미만	.3499*	.10461
		10년~20년 미만	.3105*	.10292
		20년~30년 미만	.1573	.10388

4) 교사의 경력에 따른 학교조직 효과성

학교조직의 효과성 차원의 구성요인인 교사의 직무성과 및 헌신성
에 대해 교직경력별 차이를 살펴본 결과는 아래 표와 같다.

〈표 Ⅳ-5〉 교직경력에 따른 효과성 차원의 구성요인의 분산분석

차 원		제곱합	자유도	평균제곱합	F값
직무성과	집단-간	2.734	3	.911	4.547[**]
	집단-내	164.344	820	.200	
	합 계	167.078	823		
헌신성	집단-간	8.773	3	2.924	7.043[***]
	집단-내	340.465	820	.415	
	합 계	349.238	823		

** p<.01, *** p<.001

교직경력이 높은 교사일수록 학교조직의 효과성의 두 가지 구성요
인인 직무성과 및 헌신성을 높게 인식하였다. 교사경력에 따른 네
집단 간의 차이를 사후검증을 통해 알아본 결과, 교사의 직무성과는
10년 미만의 교사집단에 비해 교직경력 20년에서 30년 사이의 교사
집단이 직무성과 요인을 높게 인식하는 것으로 나타났다. 그리고 헌
신성은 도덕적 자질과 추론과 유사하게 교직경력 20년 이상 차이를
보이는 교사집단 간에 경력이 높은 교사가 헌신성을 높게 인식하였
다. 따라서 교직경력이 20년 이상인 교사집단은 상대적으로 낮은 교
직의 교사집단보다 직무성과 및 헌신성을 더 높게 인식하는 경향을

보인다고 할 수 있다.

〈표 Ⅳ-6〉 교직경력에 따른 효과성 차원의 구성요인 차이 사후검증

차 원	(I) 교사경력(범주별)	(J) 교사경력(범주별)	평균차(I-J)	표준오차
직무성과	10년 미만	10년~20년 미만	-.0946	.04029
		20년~30년 미만	-.1411*	.04101
		30년 이상	-.1413	.05726
	10년~20년 미만	10년 미만	.0946	.04029
		20년~30년 미만	-.0466	.03971
		30년 이상	-.0467	.05634
	20년~30년 미만	10년 미만	.1411*	.04101
		10년~20년 미만	.0466	.03971
		30년 이상	-.0002	.05686
	30년 이상	10년 미만	.1413	.05726
		10년~20년 미만	.0467	.05634
		20년~30년 미만	.0002	.05686
헌신성	10년 미만	10년~20년 미만	-.1162	.05799
		20년~30년 미만	-.1930*	.05903
		30년 이상	-.3448*	.08241
	10년~20년 미만	10년 미만	.1162	.05799
		20년~30년 미만	-.0768	.05716
		30년 이상	-.2286*	.08109
	20년~30년 미만	10년 미만	.1930*	.05903
		10년~20년 미만	.0768	.05716
		30년 이상	-.1518	.08184
	30년 이상	10년 미만	.3448*	.08241
		10년~20년 미만	.2286*	.08109
		20년~30년 미만	.1518	.08184

5) 학교설립 유형에 따른 도덕적 지도성

학교설립 유형에 따른 학교장의 도덕적 지도성의 세 가지 구성요인의 차이는 다음과 같다.

<표 Ⅳ-7>에 따르면, 대체로 국·공립학교에서 근무하는 교사들이 사립학교에서 근무하는 교사들보다 학교장의 도덕적 자질, 도덕적 추론, 도덕적 행위 영역 모두에서 높게 인식하는 경향을 보였다. 이러한 결과는 국·공립학교의 교사들은 사립학교 교사들보다 학교장의 신분을 공직자로서 도덕성이 높아야 한다는 인식에서 연유한다고 생각된다.

〈표 Ⅳ-7〉 학교설립 유형에 따른 도덕적 지도성 차원의 차이

차 원	설립형태				t값
	국·공립		사 립		
	평 균	표준편차	평 균	표준편차	
도덕적 자질	3.97	0.71	3.60	0.74	5.71[***]
도덕적 추론	3.75	0.81	3.31	0.82	6.04[***]
도덕적 행위	3.78	0.81	3.26	0.77	7.24[***]

*** p<.001

6) 학교설립 유형에 따른 학교조직 효과성

<표 Ⅳ-8>는 국·공립학교와 사립학교에서 근무하는 교사들이

지각한 학교조직 효과성의 구성요인, 즉 직무성과 및 헌신성에는 인식차이를 보여주고 있다. 이 표에 따르면 국·공립학교에서 근무하는 교사가 사립학교에서 근무하는 교사보다 직무성과를 더 높게 지각한 반면, 헌신성은 사립학교에서 근무 중인 교사가 더 높게 인식하는 것으로 나타났다. 이는 국·공립학교의 교사들은 직무성과 자체를 공직으로 생각하는 데서 비롯된다고 여겨진다. 특별히 조직에 대한 헌신성이 사립학교에서 높은 것은, 사립학교에 근무하는 교사가 오랜 기간 동안 같은 학교에서 근무하는 데서 연유하는 애교심이나 우리나라의 대부분의 사립학교들은 종교단체에서 종교적 가치를 실현하기 위해 설립하는 경우가 많기 때문에 사립학교의 이런 특성에서 연유하는 것으로 여겨진다.

〈표 Ⅳ−8〉 학교설립 유형에 따른 교사의 직무성과와 헌신성 차이

차 원	설립형태				t값
	국 / 공립		사 립		
	평균	표준편차	평 균	표준편차	
직무성과	3.85	0.45	3.75	0.46	2.60[*]
헌신성	3.76	0.66	3.98	0.60	−3.78[***]

*p<.05, *** p<.001

7) 학교급별에 따른 도덕적 지도성

교사가 근무하는 학교급(초 / 중 / 고)별에 따른 학교장의 도덕적 지

도성의 세 구성요인인 도덕적 자질, 도덕적 추론, 도덕적 행위에 대한 분산분석의 결과(<표 Ⅳ-9>참조)는 각 집단 간에 교사들의 학교 장의 도덕적 지도성에 대한 인식에는 통계적으로 유의미한 차이를 보였다.

<표 Ⅳ-9> 학교급별에 따른 도덕적 지도성 차원의 구성요인에 대한 분산분석

차 원		제곱합	자유도	평균제곱합	F값
도덕적 자질	집단-간	40.230	2	20.115	41.241[***]
	집단-내	402.391	825	.488	
	합 계	442.621	827		
도덕적 추론	집단-간	47.667	2	23.834	37.676[***]
	집단-내	521.893	825	.633	
	합 계	569.560	827		
도덕적 행위	집단-간	49.784	2	24.892	40.206[***]
	집단-내	510.762	825	.619	
	합 계	560.546	827		

[***] p<.001

이 결과에 따라 사후검증을 한 <표 Ⅳ-10>에 따르면, 초등학교에 근무하는 교사가 중학교나 고등학교에 근무하는 교사보다 학교장의 도덕적 지도성을 더 높게 인식하는 경향을 보였다. 그리고 중학교에 근무하는 교사는 고등학교에서 근무하는 교사보다 학교장의 도덕적 지도성을 더 높게 인식하는 것으로 나타났다. 즉 하급학교에서 근무하는 교사가 상급학교에서 근무하는 교사보다 학교장의 도덕적 지도성을 높게 인식하는 것으로 나타났다. 이러한 결과는 하급학교 교사들일수록 학생들을 교육하는 데 있어서 일반적으로 생활지도에 중점을 두는 반면에, 상급학교 교사들은 학생들을 교육하는 데 있어서 인지적인 사고력이 요구되는 학습지도에 중점을 두는 데서 연유하는 것으로 보인다.

〈표 IV-10〉 학교급별에 따른 도덕적 지도성 차원의 구성요인 차이 사후 검증

차 원	(I) 학교급별	(J) 학교급별	평균차(I−J)	표준오차
도덕적 자질	초등학교	중학교	.3447*	.05543
		고등학교	.5384*	.06329
	중학교	초등학교	−.3447*	.05543
		고등학교	.1938*	.06609
	고등학교	초등학교	−.5384*	.06329
		중학교	−.1938*	.06609
도덕적 추론	초등학교	중학교	.2805*	.06312
		고등학교	.6195*	.07208
	중학교	초등학교	−.2805*	.06312
		고등학교	.3390*	.07527
	고등학교	초등학교	−.6195*	.07208
		중학교	−.3390*	.07527
도덕적 행위	초등학교	중학교	.3291*	.06245
		고등학교	.6223*	.07131
	중학교	초등학교	−.3291*	.06245
		고등학교	.2932*	.07446
	고등학교	초등학교	−.6223*	.07131
		중학교	−.2932*	.07446

8) 학교급별에 따른 학교조직 효과성

학교급별에 따라 학교조직의 효과성 차원의 구성요인인 직무성과 및 헌신성에 대해 분산분석을 실시한 결과 집단 간에 유의미한 차이를 보였다(<표 Ⅳ-11>참조).

〈표 Ⅳ-11〉 학교급별에 따른 효과성 차원의 구성요인 분산분석

차 원		제곱합	자유도	평균제곱합	F값
직무 성과	집단-간	9.785	2	4.892	25.483[***]
	집단-내	158.381	825	.192	
	합 계	168.166	827		
헌신성	집단-간	3.628	2	1.814	4.317[*]
	집단-내	346.638	825	.420	
	합 계	350.266	827		

* p<.05, *** p<.001

학교조직의 효과성의 구성요인 가운데 직무성과에 대한 인식은 초등학교에 근무 중인 교사가 중학교와 고등학교에 근무 중인 교사와 비교하면 더 높게 나타났으나, 중학교와 고등학교에 근무 중인 교사 간에는 직무성과에 대한 인식의 차이를 보이지 않았다. 헌신성에 대한 인식 역시 초등학교의 교사가 가장 높게 인식하였으며, 고등학교, 중학교 순으로 나타났다. 따라서 초등학교와 고등학교 교사보다는 초등학교와 중학교 교사 간에 헌신성의 차이가 통계적으로 유의미하게 나타났다. 이러한 결과는 초등학교 교사들의 경우는 각각 독립된

교과목을 가르치는 중등학교 교사들과는 달리 한 교사가 여러 과목을 담당해야 하고, 대부분의 교사들은 부모처럼 초등학교의 학생들의 행동을 돌보는 일들이 많다고 지각하는 데서 오는 연유라고 여겨진다.

〈표 Ⅳ-12〉 학교급별에 따른 효과성 차원의 구성요인 차이 사후검증

차 원	(I) 학교급별	(J) 학교급별	평균차(I-J)	표준오차
직무성과	초등학교	중학교	.1810*	.03477
		고등학교	.2588*	.03971
	중학교	초등학교	-.1810*	.03477
		고등학교	.0778	.04146
	고등학교	초등학교	-.2588*	.03971
		중학교	-.0778	.04146
헌신성	초등학교	중학교	.1476*	.05145
		고등학교	.0308	.05874
	중학교	초등학교	-.1476*	.05145
		고등학교	-.1168	.06134
	고등학교	초등학교	-.0308	.05874
		중학교	.1168	.06134

교사의 배경변인과 학교의 특성에 따른 학교장의 도덕적 지도성과 학교조직 효과성의 차이를 전반적으로 종합하면 다음과 같다.

첫째, 교사의 배경변인 가운데 성별에 따른 학교장의 도덕적 지도성 지각에는 차이가 없었다. 그러나 학교조직의 효과성 차원에서 남교사는 헌신성이 높았고, 여교사는 직무성과가 높게 나타났다. 교사

의 경력에 따른 차이는 교사의 경력이 많을수록 학교장의 도덕적 지도성을 더 높게 인식함과 동시에 학교조직 효과성의 두 변인도 높게 인식하였다.

둘째, 학교특성 면에서 국·공립학교에서 근무 중인 교사가 사립학교에서 근무 중인 교사보다 학교장의 도덕적 지도성을 더 높게 인식하였고, 조직 효과성 구성요인 가운데 교사의 직무성과를 높게 인식하는 경향을 보였다. 그러나 학교조직 효과성을 구성하는 또 다른 요인인 헌신성과 관련해서는 사립학교가 국·공립학교 교사보다 높게 나타났다. 학교급별에 따라서는 초등학교에 근무하는 교사들이 학교장의 도덕적 지도성 및 학교조직의 효과성을 높게 인식하는 경향을 보였다.

2. 학교장의 도덕적 지도성 · 학교조직의 상황 · 학교조직 효과성 간의 상관관계

1) 학교장의 도덕적 지도성 · 학교조직의 상황 · 학교조직 효과성 간의 상관관계

본 연구에서 선정한 학교장의 도덕적 지도성의 각 구성요인과 학교조직 효과성의 구성요인, 그리고 학교조직 상황의 구성요인들 간

의 상관관계를 알아보기 위하여 상관분석을 하였으며, 그 결과는
<표 Ⅳ-13>와 같다.

〈표 Ⅳ-13〉 도덕적 지도성·학교조직의 상황·학교조직 효과성 간의 상관관계

차 원	자 질	추 론	행 위	인간관계	과업구조	학교풍토	직무성과	헌신성
자 질	1.00							
추 론	0.87***	1.00						
행 위	0.77***	0.80***	1.00					
인간관계	0.69***	0.71***	0.69***	1.00				
과업구조화	0.55***	0.57***	0.55***	0.65***	1.00			
학교풍토	0.77***	0.79***	0.75***	0.84***	0.69***	1.00		
직무성과	0.38***	0.34***	0.34***	0.48***	0.42***	0.51***	1.00	
헌신성	0.44***	0.43***	0.39***	0.46***	0.46***	0.53***	0.54***	1.00

*** p<.001

(1) 도덕적 지도성 행위와 학교조직의 상황과의 관계

<표 Ⅳ-13>에서 보는 바와 같이 학교장의 도덕적 지도성 행위와
학교조직 상황과는 통계적으로도 유의미한 정적 상관을 보이고 있으
므로 그 구성요인들을 중심으로 두 요인 간의 구체적인 상관관계를
논의하면 다음과 같다.

학교장의 도덕적 지도성 행위의 구성요인 중에서 도덕적 자질과
도덕적 추론이 가장 높은 상관(r =.87)을 보였으며, 도덕적 추론과
도덕적 행위의 상관(r =.80)과 도덕적 자질과 도덕적 행위 간의 상관
(r =.77) 모두 높게 나타났다.

학교장의 도덕적 지도성 구성요인들과 학교조직 상황의 구성요인들과는 모두 통계적으로 의미 있는 정적인 관계를 보이고 있었으며, 그 관계의 정도는 추론과 풍토(r=.79), 자질과 풍토(r=.77), 행위와 풍토(r=.75), 추론과 인간관계(r=.71), 행위와 인간관계(r=.69), 자질과 인간관계(r=.69), 추론과 과업의 구조화(r=.57), 자질과 과업구조화(r=.55), 행위와 과업의 구조화(r=.55)의 순으로 나타났다. 이는 학교장의 도덕적 행위 중에서 이성적인 판단 및 이타적인 결정을 발휘하는 정도가 높으면 상대적으로 학교의 분위기가 개방적이고 수업 지향성의 경향도 높다는 것이다. 이와 같은 경향성은 학교장의 도덕적 지도성 행위는 학교조직 상황을 우호적으로 만들기 위해서는 고려되어야 할 중요한 요인임을 시사하는 것이라고 할 수 있다.

(2) 학교조직의 상황과 교사의 효과성과의 관계

<표 Ⅳ-13>에서 보는 바와 같이 학교조직 상황은 교사의 직무성과 및 헌신성인 효과성은 통계적으로 의미 있는 정적인 상관이 있었다. 두 구성요인들을 중심으로 두 요인 간의 구체적인 상관관계를 논의하면 다음과 같다.

학교조직 상황의 구성요인 중에서 학교풍토와 인간관계(r=.84)가 가장 높은 상관을 보였으며, 그 다음으로는 학교풍토와 과업의 구조화(r=.69), 인간관계와 과업의 구조화(r=.65) 등의 순으로 나타났다. 이와 같은 결과는 학교조직 상황의 구성요인 중에서 어느 한 요인의 상황이 우호적이면 다른 요인도 우호적일 수 있는 경향을 보였다.

학교조직 상황의 구성요인들과 교사의 직무성과 및 헌신성 요인들
과는 모두 통계적으로 의미 있는 정적인 관계를 보이고 있었으며,
그 관계의 정도는 학교풍토와 헌신성(r=.53), 학교풍토와 직무성과(r
=.51), 인간관계와 직무성과(r=.48), 과업의 구조화와 헌신성(r=.46),
인간관계와 헌신성(r=.46), 과업구조화와 직무성과(r=.42)의 순으로
나타났다. 이러한 결과는 학교조직 상황 중 학교풍토인 개방적인 분
위기와 수업 지향적 분위기가 좋으면 교사의 가치수용, 목표 성취의
지, 충성심 등 경향이 높아진다고 보인다. 그러나 상대적으로 가장
낮은 상관을 보이는 과업의 구조화와 직무성과의 관계, 즉 학교조직
의 능률성, 과업의 목표 명시, 과업의 절차 및 방법의 명시 등과 교
사의 수업준비, 수업지도, 생활지도, 학급경영, 근무상태 등은 상관이
그렇게 높지 않았다.

(3) 도덕적 지도성과 교사의 효과성과의 관계

<표 Ⅳ-13>에서 보는 바와 같이 학교장의 도덕적 지도성 행위와
교사의 직무성과 및 헌신성과는 통계적으로도 유의미한 정적 상관을
보이고 있으므로 그 구성요인들을 중심으로 두 요인 간의 구체적인
상관관계를 논의하면 다음과 같다.
학교장의 도덕적 지도성 구성요인들과 교사의 직무성과 및 헌신성
요인들과는 모두 통계적으로 의미 있는 정적인 관계를 보이고 있었
으며, 그 관계의 정도는 도덕적 자질과 헌신성(r=.44), 도덕적 추론
과 헌신성(r=.43), 도덕적 행위와 헌신성(r=.39), 도덕적 자질과 직

무성과(r =.38), 도덕적 추론과 직무성과(r =.34), 도덕적 행위와 직무
성과(r =.34)의 순으로 나타났다. 이러한 결과는 학교장의 도덕적 지
도성 행위인 도덕적 자질, 추론, 행위 등을 발휘하는 정도가 교사의
직무성과 및 헌신성에 정적인 관계를 보였으나, 상관관계는 그렇게
높지 않았다.

3. 학교 상황에 따라 학교장의 도덕적 지도성이
학교조직 효과성에 미치는 영향

본 연구의 주요 목적인 학교 상황에 따라 학교장의 도덕적 지도
성이 학교조직 효과성에 미치는 영향을 분석하기 위해 다음 두 단계
를 밟았다.
첫째, 학교장의 도덕적 지도성을 구성하는 구성요인이 학교조직
효과성에 미치는 영향을 분석하기 위해 교사의 직무성과 및 헌신성,
그리고 두 요인을 종합한 학교조직 효과성을 각각 종속변인으로 두
고 다중회귀분석을 실시하였다.
둘째, 인간관계, 과업의 구조화, 학교풍토 등 3개 요인을 기초로
학교조직 상황의 조합별로 학교장의 도덕적 지도성 구성요인이 교사
의 직무성과와 헌신성을 종합한 학교조직의 효과성에 어떤 영향을
주는지를 분석하기 위해 다중회귀분석을 실시하였다.

1) 도덕적 지도성이 교사의 직무성과에 미치는 영향

학교장의 도덕적 지도성의 구성요인과 교사의 직무성과의 상관관계가 연구에 포함된 다른 요인들의 상관에 비해 상대적으로 낮게 나타났는데, 이는 학교장의 도덕적 지도성의 구성요인(독립변인)이 직무성과(종속변인)에 미치는 영향을 탐색하기 위한 다중회귀분석에서도 유사한 결과가 나타났다(<표 Ⅳ-14>참조).

〈표 Ⅳ-14〉 도덕적 지도성 차원의 구성요인이 직무성과에 미치는 영향(N=830)

차 원	비표준화 계수	표준오차	표준화 계수	t값
	b		β	
(상수)	2.908	.080		36.278
도덕적 자질	.182	.042	.294	4.362***
도덕적 추론	−.005	.039	−.009	−0.127
도덕적 행위	.064	.030	.116	2.094*

$R^2 = .146$***

* p<.05, *** p<.001

학교장의 도덕적 지도성을 이루고 있는 도덕적 자질, 추론 및 행위 영역이 교사의 직무성과 인식의 변화에 14.6% 정도를 설명하고 있었다. 비록 설명력은 낮았지만 전체적으로 학교장의 도덕적 지도성 요인들이 교사들의 직무성과를 설명하는 모형은 통계적으로 의미가 있는 것으로 나타났다(F=47.104, p<.001).

교사의 직무성과에 영향을 준 학교장의 도덕적 지도성 구성요인은 다음과 같다. 교사의 직무성과에 영향을 준 학교장의 도덕적 지도성은 교장의 청렴성, 사명감, 공정성, 책임감과 같은 도덕적 자질(b =.182)로 나타났다. 그리고 학교장의 정직과 봉사하는 영역을 측정한 도덕적 행위(b =.064)도 미약하지만 통계적으로 의미 있는 영향을 교사의 직무성과에 주는 것으로 나타났다.

그러나 이성적 판단 및 태도와 이타적인 결정 및 태도와 같은 도덕적 추론은 교사의 직무성과에 영향을 주지 못하였다. 그 이유는 도덕이라는 개념의 인식을 인지적인 것으로 인식하기보다 지도자의 성품이나 행동으로 보여주는 것이라는 문화적인 특성에서 야기되는 결과라고 추정된다.

2) 도덕적 지도성이 교사의 헌신성에 미치는 영향

학교장의 도덕적 지도성의 구성요인과 교사의 상관관계도 연구에 포함된 다른 요인들의 상관에 비해 상대적으로 낮게 나타났는데, 이는 학교장의 도덕적 지도성의 구성요인(독립변인)이 교사의 헌신성(종속변인)에 미치는 영향을 탐색하기 위한 다중회귀분석에서도 유사한 결과가 나타났다(<표 Ⅳ-14>참조).

교사들이 지각한 학교장의 도덕적 지도성이 교사의 헌신성에 영향을 주는 정도는 직무성과에 비하면 조금 높게 나타났다. 교사가 지각한 학교장의 도덕적 자질, 추론 및 행위 영역은 교사의 헌신성 변량의 20.1%를 설명하였으며, 이와 같은 설명력은 통계적으로도 의미 있게 나타났다(F=69.450, p<.001).

<표 Ⅳ-15>에 나타난 학교장의 도덕적 지도성의 구성요인 가운데 가장 큰 영향력을 보인 것은 교사가 지각한 학교장의 도덕적 자질 요인(b=.231)이었다. 교사가 지각한 학교장의 도덕적 추론은 교사의 직무성과에는 영향을 주지 못했지만, 교사의 헌신성에는 약하지만 의미 있는 영향을 주는 것으로 나타났다(b=.110).

반면, 학교장의 도덕적 행위 요인은 교사의 헌신성에 별다른 영향을 주지 못하였다. 교사가 지각한 학교장의 도덕적 행위가 정직이나 봉사의 행위에 초점을 둔 반면, 학교에서 중시되는 가치의 수용, 목표성취에 대한 의지, 충성심과 같은 교사의 헌신성 개념이 정의적 차원을 주로 다루고 있다는 측면에서 그 관련성이 낮은 것으로 해석될 수 있다.

〈표 Ⅳ-15〉 도덕적 지도성이 교사의 헌신성에 미치는 영향(N=830)

차 원	비표준화 계수	표준오차	표준화 계수	t값
	b		β	
(상수)	2.279	.112		20.421
도덕적 자질	.231	.058	.260	3.988***
도덕적 추론	.110	.054	.141	2.034*
도덕적 행위	.058	.042	.073	1.357

R^2=.201***

* p<.05, *** p<.001

3) 도덕적 지도성이 학교조직 효과성에 미치는 영향

교사들이 지각한 학교장의 도덕적 지도성이 교사의 직무성과 및 헌신성을 종합한 학교조직 효과성 변인의 변량을 설명하는 정도는 22.7%였다. 그리고 학교장의 도덕적 지도성과 관련된 세 가지 특징인 도덕적 자질과 추론, 행위 요인이 교사가 지각한 학교조직 효과성 변인을 설명하는 모형은 통계적으로 의미 있는 것으로 나타났다 (F=234.767, p<.001).

<표 IV-16>에 따르면, 세 가지 도덕적 지도성의 구성요인 가운데 학교조직 효과성에 유의미한 영향을 주는 것은 학교장의 도덕적 자질(b=.206)인 것으로 나타났다. 이러한 결과는 전술한 학교조직 효과성의 구성요인인 교사의 직무성과 및 헌신성에 일관되게 유의미한 영향을 준 요인은 교사가 지각한 학교장의 청렴성, 사명감, 공정성, 책임감과 같은 도덕적 자질이었다는 결과를 확인하는 것으로 볼 수 있다.

학교장의 도덕적 지도성 행위가 학교조직의 효과성에 미치는 전반적인 영향관계를 살펴볼 때, 하나의 경향성은 도덕적 자질은 도덕적 추론 및 도덕적 행위에 비해 교사의 직무성과 및 헌신성에 일관되게 영향력을 미치고 있다는 점이다. 이는 학교장의 도덕적 추론 및 도덕적 행위와 높은 상관관계를 보이는 학교장의 도덕적 자질이 학교장의 도덕적 지도성 행위를 대표해서 학교조직의 효과성에 해당하는 교사의 직무성과와 헌신성에 영향을 준다고 할 수 있다.

반면, 교사의 직무성과라 할 수 있는 수업준비, 수업지도, 생활지
도, 학급경영, 근무상태와 같은 교육활동의 수행 정도에는 미미하지
만 교장의 정직과 봉사와 관련된 행위를 중심으로 지각한 학교장의
도덕적 행위가 영향을 주는 것으로 나타났다. 그리고 이성적 판단
및 태도와 이타적인 결정 및 태도와 같은 학교장의 도덕적 추론은
교사의 헌신성에 약한 영향을 주는 것으로 나타났다.

⟨표 Ⅳ-16⟩ 도덕적 지도성이 교사의 직무성과와 헌신성에 미치는 영향(N = 830)

차 원	비표준화 계수	표준오차	표준화 계수	t값
	b		β	
(상수)	2.594	.082		31.599
도덕자질	.206	.043	.310	4.841[***]
도덕추론	.053	.040	.090	1.321
도덕행위	.061	.031	.103	1.954

$R^2 = .227$[***]

*** p⟨.001

4) 학교 상황에 따라 학교장의 도덕적 지도성이
학교조직 효과성에 미치는 영향

인간관계, 과업구조화, 학교풍토라는 세 가지 학교조직 상황의 구
성요인의 조합 정도에 따라 학교장의 도덕적 지도성이 교사의 학교
조직 효과성에 미치는 영향을 탐색하기 위해, 전체 사례를 학교조직

상황의 구성요인의 조합별로 나눈 뒤, 각 상황의 구성요인 조합별로 학교장의 도덕적 지도성이 교사의 효과성에 주는 영향을 분석하여 종합하였다.

이를 위해 학교조직의 상황을 나타내는 연속적인 속성을 지닌 인간관계, 과업구조화, 학교풍토 세 구성요인을 각각 평균값을 중심으로 '좋은 인간관계'와 '나쁜 인간관계', '구조화된 과업구조'와 '비구조화된 과업구조', 그리고 '좋은 학교풍토'와 '나쁜 학교풍토'라는 범주로 나누었다. 이와 같은 범주화는 Fiedler의 상황적응이론(Hoy & Miskel, 1996: 389–390)의 상황 분류(상황이 좋고 나쁜 2차원적 분류로 3가지 구성요인을 8가지로 분류한 것)를 활용한 것이다. 즉 <표 5>에서 나타난 인간관계 문항(27번~33번까지)에 교사가 표시한 각각의 문항의 평균값을 내어, 평균값 이상은 좋은 인간관계로 하고, 평균값 이하는 나쁜 인간관계로 설정하였다. 과업구조화 문항(34번~41번까지)과 학교풍토 문항(42번~51번까지)도 인간관계 문항과 같은 방법으로 하여 구조화된 과업과 비구조화된 과업, 좋은 학교풍토와 나쁜 학교풍토로 나누었다. 따라서 본 연구에서도 Fiedler의 8가지 상황조합 분류를 활용하여 8가지 학교조직의 상황을 다음과 같이 설정한 것이다.

상황1: 좋은 인간관계 – 구조화된 과업구조 – 좋은 학교풍토
상황2: 좋은 인간관계 – 구조화된 과업구조 – 나쁜 학교풍토
상황3: 좋은 인간관계 – 비구조화된 과업구조 – 좋은 학교풍토
상황4: 좋은 인간관계 – 비구조화된 과업구조 – 나쁜 학교풍토

상황5: 나쁜 인간관계-구조화된 과업구조-좋은 학교풍토
상황6: 나쁜 인간관계-구조화된 과업구조-나쁜 학교풍토
상황7: 나쁜 인간관계-비구조화된 과업구조-좋은 학교풍토
상황8: 나쁜 인간관계-비구조화된 과업구조-나쁜 학교풍토

위의 8가지 상황에 속하는 사례를 중심으로 학교장의 도덕적 지도성이 학교조직 효과성에 어떤 영향을 주는지를 파악하기 위해 다중회귀분석을 실시하였다.

(1) 학교 상황별 도덕적 지도성이 학교조직 효과성에 미치는 영향

<표 Ⅳ-17>은 8가지 상황별로 학교장의 도덕적 지도성이 교사의 직무성과와 헌신성의 개념을 종합한 학교조직 효과성에 미치는 영향을 분석한 다중회귀분석의 결과이다.

8개 상황 가운데 학교장의 도덕적 지도성이 학교조직 효과성에 미치는 영향이 통계적으로 유의미한 결과를 산출한 것은 가장 우호적이라 할 수 있는 상황1(좋은 인간관계-구조화된 과업구조-좋은 학교풍토)뿐이었다.

<표 IV−17> 학교 상황별 도덕적 지도성이 학교조직 효과성에 미치는 영향

학교조직 상황	차 원	비표준화 계수 b	표준오차	표준화 계수 β	t값	R² (사례수)
상황 1	(상수)	2.605	.216		12.048	
	도덕자질	**.380**	**.072**	**.447**	**5.259*****	**.169*****
	도덕추론	−.079	.079	−.094	−.999	(n = 289)
	도덕행위	.040	.055	.054	.716	
상황 2	(상수)	3.849	.686		5.612	
	도덕자질	−.131	.200	−.172	−.652	.046
	도덕추론	.169	.167	.283	1.015	(n = 26)
	도덕행위	−.027	.153	−.041	−.174	
상황 3	(상수)	3.354	.278		12.071	
	도덕자질	.025	.120	.044	.211	.068
	도덕추론	.179	.116	.320	1.550	(n = 82)
	도덕행위	−.078	.094	−.148	−.825	
상황 4	(상수)	3.529	.663		5.326	
	도덕자질	−.182	.170	−.221	−1.071	.069
	도덕추론	.336	.201	.339	1.670	(n = 44)
	도덕행위	−.096	.168	−.097	−.573	
상황 5	(상수)	3.206	.625		5.128	
	도덕자질	.500	.232	.604	2.155*	.164
	도덕추론	−.231	.224	−.281	−1.030	(n = 30)
	도덕행위	−.065	.124	−.109	−.522	
상황 6	(상수)	3.699	.383		9.653	
	도덕자질	.169	.155	.248	1.089	.039
	도덕추론	−.125	.144	−.231	−.872	(n = 55)
	도덕행위	.075	.152	−.109	−.490	
상황 7	(상수)	3.516	.586		6.001	
	도덕자질	−.140	.176	−.177	−.799	.043
	도덕추론	.236	.182	.288	1.292	(n = 41)
	도덕행위	−.015	.091	−.027	−.163	
상황 8	(상수)	3.221	.142		22.688	
	도덕자질	.180	.070	.274	2.568*	.029
	도덕추론	−.108	.062	−.183	−1.741	(n = 263)
	도덕행위	.003	.055	.005	.054	

* p〈.05, *** p〈.001

학교 상황별로 학교장의 도덕적 지도성이 학교조직 효과성에 미친 영향력을 탐색하기 위한 분석에서는 상황 1(좋은 인간관계-구조화된 과업구조-좋은 학교풍토)과 8(나쁜 인간관계-비구조화된 과업구조-나쁜 학교풍토)에서 동일하게 도덕적 지도성이 유의미한 영향을 주는 것으로 나타났지만, 상황 8(나쁜 인간관계-비구조화된 과업구조-나쁜 학교풍토)에서는 유의확률이 .052로 나타나 p<.05 수준을 확보하지 못하였다. 결과적으로 상황 1(좋은 인간관계-구조화된 과업구조-좋은 학교풍토)에서만 학교장의 도덕적 지도성이 교사가 지각한 학교조직 효과성 변량의 16.9%를 설명하였으며, 이 가운데 도덕적 자질(b=.380)만이 학교조직 효과성에 정적인 영향을 주는 것으로 나타났다.

〈표 Ⅳ-18〉 학교조직의 상황에 따라 도덕적 지도성이 학교조직 효과성에 미치는 영향관계

상 황	인간 관계	과업 구조	학교 풍토	도덕적지도성 → 효과성
1	**좋다**	**구조화**	**좋다**	**영향을 줌**
2	좋다	구조화	나쁘다	영향 없음
3	좋다	비구조화	좋다	영향 없음
4	좋다	비구조화	나쁘다	영향 없음
5	**나쁘다**	**구조화**	**좋다**	영향 없음
6	나쁘다	구조화	나쁘다	영향 없음
7	나쁘다	비구조화	좋다	영향 없음
8	**나쁘다**	**비구조화**	**나쁘다**	영향 없음

　본 연구의 결과를 해석함에 있어서, 학교조직 효과성 개념을 종속변인으로 설정한 분석에서는 가장 우호적인 상황에서만 학교장의 도덕적 자질이 학교조직 효과성에 정적인 영향을 주었다. 이와 같은 결과는 비록 개념적으로 학교조직 효과성이 조직적 또는 목적적 차원의 직무성과와 심리적 또는 인지적 차원의 헌신성의 개념이 포함되어 있지만 산술적인 합으로 분석되는 경우, 도덕적 지도성이 각각의 구성요인에 미친 영향이 상쇄될 여지가 있어 이를 고려할 필요가 제기되었다.

　그 밖에 위의 결과를 해석함에 있어서 각 상황별 회귀모형의 설명력이 낮다는 점, 도덕적 자질만이 몇 개 상황에서 유의미하게 교사의 효과성에 영향을 준다는 점, 그리고 8가지 학교조직 내 상황에 속하는 사례수의 편차가 크다는 점은 주의를 기울여야 할 부분이다.

　단순회귀분석이나 다중회귀분석을 하는 경우 회귀진단이 필요한데, 이에 대해서는 일반적으로 모형진단이나 데이터에 관한 진단이 있다(서혜선 외, 1999). 본 연구에서는 위의 고려사항들과 관련해서 몇 가지 모형진단을 실시하였다. 우선, 잔차의 등분산성을 확인하기 위해 모든 회귀방정식에서 편회귀도표(partial regression plots)를 산출하여 검토하였으나 각각의 독립변인과 종속변인의 오차 간에 선형관계를 확인할 수 없었다. 그리고 잔차의 독립성을 검증하기 위해 더빈－왓슨(Durbin－Watson) 검증을 실시하였는데, 예를 들어 <표 Ⅳ－18>에서 유의미한 영향을 보인 회귀방정식을 진단한 결과 더빈－왓슨 통계량이 최저 1.64에서 최고 1.83이 나왔다. 이 검증 통계량 값이 4에 가까우면 오차가 음의 상관이 있음을 뜻하고 2에 가까우면 상관이 없음을 의미하며, 0에 근접하면 양의 상관을 의미하기에 본 연구에서 분석된 회귀식의 오차항 독립성 가정이 충족된 것으로 해석될 수 있다. 그 밖에 독립변수 간의 선형독립 가정 검증(다중공선성, multicollinearity)과 관련하여 분산팽창요인(variance inflation factor, VIF)과 허용치(tolerance)를 조사하였다. 일반적으로 분산팽창요인이 10을 넘거나 허용치가 0.1 이하인 경우 다중공선성이 있다고 의심이 되는데, 본 연구에서 의미 있는 것으로 판명된 회귀식의 분산팽창요인은 최저가 1.935에서 최고 4.385였으며, 허용치는 최저가 .202에서 최고 .736으로 나타나 독립변수 간의 선형독립 가정이 위배되지는 않는 것으로 해석하였다.

학교조직 상황 1, 5, 8을 제외한 나머지 상황에서의 회귀모형의 설명력과 통계적 의미성이 낮은 것은 상황에 따른 사례수의 편중에 기인한 것으로 해석이 가능하다. 학교조직 내 상황과 관련된 세 가지 변인을 각각 평균값을 중심으로 양분하여 8개 범주로 만들었지만, 세 개의 학교조직 내 상황 요인 간의 높은 상관관계로 인해 전체 사례수의 67%가 학교조직 상황1(n=289)과 학교조직 상황 8(n=263)에 집중되는 경향을 보였다. 따라서 상황 2에서 7에 속한 사례수로는 회귀방정식을 수행하여 그 결과를 안정적으로 해석하기에는 부족하다고 볼 수 있다. 또한 가장 비우호적인 상황 8에서 학교장의 도덕적 자질이 교사의 효과성에 영향을 주는 것으로 나타났지만, 그 설명력이 너무 낮아 비우호적인 상황에서 도덕적 지도성 이외의 변인에 대한 탐색이 요청된다고 볼 수 있다.

제5장

결론 및 제언

본 연구는 학교 상황에 따라 학교장의 도덕적 지도성이 학교조직 효과성에 대한 영향관계를 알아보는 것이 목적이다. 본 연구의 목적을 달성하기 위해 학교장의 도덕적 지도성은 독립변인으로 하고, 학교조직의 상황은 매개변인(조절)으로, 그리고 학교조직의 효과성은 결과변인으로 규명하였다. 또한 학교 상황의 하위 변인인 인간관계, 과업구조화, 학교풍토라는 세 가지 학교조직 상황의 조합 정도에 따라 학교장의 도덕적 지도성이 교사의 학교조직 효과성에 미치는 영향을 탐색하기 위해, 전체 사례를 학교조직 상황의 구성요인의 조합별로 나눈 뒤, 각 상황의 구성요인 조합별로 학교장의 도덕적 지도성이 교사의 효과성에 주는 영향을 분석하여 종합하였다 그 결과, 상황 1(좋은 인간관계-구조화된 과업구조-좋은 학교풍토)에서만 학교장의 도덕적 지도성이 교사가 지각한 학교조직 효과성 변량의 16.9%를 설명하였으며, 이 가운데 도덕적 자질(b=.380)만이 학교조직 효과성에 정적인 영향을 주는 것으로 나타났다.

본 연구의 결론은 다음과 같다.

첫째, 학교장의 도덕적 지도성을 구성하는 도덕적 자질, 도덕적 추론, 도덕적 행위의 개념과 학교 상황을 가늠하는 세 가지 구성요인인 인간관계, 과업구조, 학교풍토 간의 보다 명확한 경계가 필요하다. 즉 도덕적 지도성이라는 본 연구의 주요 개념이 다양한 학교 상황 속에서 학교조직의 효과성에 미치는 영향을 분석하기 위해서는 여러 개의 독립변인을 맡고 있는 도덕적 지도성과 조절변인 역할을 하는 학교 상황의 구성요인들이 외연이 넓어짐과 동시에 각 구성요인 간 배타적인 구분이 확보될 필요가 있다는 점이다. 그래야 다양한 학교 상황에서 학교조직의 효과성에 관련된 여러 요인에 미치는 영향력을 구분할 수 있을 것으로 기대된다.

둘째, 학교장의 도덕적 지도성이 학교조직 효과성에 대한 영향이 미비할지라도 학교 상황에 따라 그 영향력은 서로 달라질 수 있다는 점이다. 즉 학교장의 도덕적 지도성이 학교조직의 효과성에 영향을 미치는 경우는 가장 우호적인 학교 상황 1(좋은 인간관계-구조화된 과업구조-좋은 학교풍토)에서 도덕적 자질이 가장 큰 영향력을 미치는 것으로 드러났다.

본 연구의 결론으로 보아 학교경영의 개선을 위해 다음과 같이 몇 가지 제언을 할 수 있다.

첫째, 다양한 학교구성원들의 참여를 바탕으로 한 학교 운영의 자율성 증대로 인해 요청되는 학교장의 도덕적 규범을 본 연구에서 제시한 도덕적 지도성의 세 구성요인인 도덕적 자질, 도덕적 추론, 도덕적 행위의 틀에 맞추어 제시할 필요가 있을 것이다.

둘째, 학교장 연수나 양성과정에서 학교장의 도덕적 지도성을 발휘할 수 있는 프로그램을 개발하여 운영하는 것이 필요하다.

셋째, 도덕적인 학교장은 학교를 경영함에 있어 학교의 상황을 잘 이해하는 것이 필요하다. 본 연구의 결과에 의하면, 도덕적 지도성은 항상 유효한 것이 아니라 학교 상황의 조합 정도에 따라 그 효과가 달라지기 때문에 학교 상황과 학교장의 도덕적 지도성의 상호작용을 세밀히 살펴서 경영해야 한다는 점이다.

참고문헌

1. 국내 문헌

강옥순(1999). 교사의 인간관계가 학생교육에 미치는 영향에 관한 연구. 수원대학교 대학원 석사학위논문.

곽영환(1997). 리더십 유형과 조직 효과성의 관계에 관한 연구. 청주대학교 대학원 박사학위논문.

구영모(1997). 학교장의 의사결정 유형과 교사의 조직헌신도의 관계. 공주대학교교육대학원 석사학위논문.

권기호(1990). 학교조직에 있어서 교사를 중심으로 한 인간관계 연구. 경희대학교교육대학원 석사학위논문.

권혁래(2001). 중등학교 교장의 변혁지향적 지도성과 교사의 조직헌신과의 관계. 국민대학교교육대학원 석사학위논문.

김구원(1994). 교사가 지각한 학교장의 권한위임과 조직헌신도와의 관계 연구. 충남대학교교육대학원 석사학위논문.

김규정(1988). **신고행정원론**. 서울: 법문사.

김동춘(1997). 교사가 지각한 유아교육기관의 조직문화와 조직 효과성과의 관계 연구. 서울여자대학교 대학원 박사학위논문.

김선희(1991). 개인과 직무의 적합성이 직무성과 및 직무만족에 미치는 영향. 고려대학교 대학원 석사학위논문.

김성열 외 역(1996). **학교행정의 윤리적 쟁점**. 서울: 교육과학사.

김성열 외(1998). **교육행정 및 교육경영**. 서울: 삼광출판사.

김세기(1988). **학교경영학**. 서울: 배영사.

김영종(1995). **행정철학**. 서울: 법문사.

김재덕(2003). 신약성서에 나타난 예수의 리더십에 관한 연구. **교육행정학 연구**, 21(4), 139-159.

김정주(1999). 청소년 지도자의 조직몰입과 관련변인. 서울대학교 박사학위논문.

김정호(1999). 교장의 지도성 유형이 교원사기와 학교 효과성에 미치는 영향: 변혁적, 거래적 지도성을 중심으로. 성균관대학교 대학원 박사학위논문.

김필녀(2003). 초등교장의 도덕적 지도성과 교사의 활력화가 학교조직의 효과성에 미치는 영향. 국민대학교 대학원 박사학위논문.

김창걸(1983). 교장의 지도성 행동·상황 및 조직 효과성 간의 연구. 중앙대학교 대학원 박사학위논문.

김혜숙(1994). 학교조직의 상황적합적 지도성 연구. 동아대학교 대학원 박사학위논문.

김호장(2004). 조직구성원의 학습에 대한 자기 주도성이 개인성과에 미치는 영향. 고려대학교 대학원 석사학위논문.

김철수(1993). **헌법학 원론**. 서울: 박영사.

노종희(1983). 학교조직에의 적용을 위한 상황적 리더쉽 모형의 고찰. **한국교육개발원**, 10(1), 131-143.

노종희(1992). 교육행정학. 서울: 문음사.

명제창(1998). 학교조직에서의 도덕적 지도성 측정에 관한 연구. 충남대학교 대학원 박사학위논문.

박병기·추병완(1996). **윤리학과 도덕. 학술총서 78**. 경기도 고양시: 인간사랑.

박진민(2002). 학교풍토의 민주성이 학생의 정치 태도에 미치는 영향: 교장 교사 간 관계를 중심으로. 서울대학교 대학원 석사학위논문.

박연호(1984). **교사와 인간관계**. 서울: 법문사.

박용헌(1985). **학교사회**. 서울: 배영사.

박인학(1988). 학교조직건강이 교사의 직무만족과 직무성과에 미치는 영향 한양대학교. 대학원 박사학위논문.

박진숙(1999). 교장의 윤리적 지도성의 개발. **교육행정학 연구**, 17(3), 251-274.

박창회(1986). 컴미트먼트 개념화를 위한 다원적 접근. **경영학 연구**, 16(1), 94-111.

박형규(1988). 학교장 지도성의 효과성에 관한 실증적 연구. 동국대학교 대학원 박사학위논문.

백승관(1992) 학교조직 효과성 준거설정을 위한 연구. 서울 연세대학교 대학원 박사학위논문.

소홍렬(1989). **윤리와 사고**. 서울: 이화여자대학교 출판부.

서규선(1989). 농촌 사회교육 요원의 조직풍토지각과 직무태도의 관련성 연구. 서울대학교 대학원 박사학위논문.

서울대학교교육연구소 편(1994). **교육학 용어사전**. 서울: 도서출판 하우.

서혜선 외 4인(1999). **SPSS를 활용한 회귀분석**. SPSS 아카데미.

신재흡(2003). 교사가 지각한 학교장의 변혁적 지도성과 학교문화 및 학교조직 효과성 간의 관계 연구. 건국대학교 대학원 박사학위논문.

신중식(1991). 학교조직 문화에 관한 연구. **교육논총**, 13(2), 25-59.

신중식(1990). 학교조직풍토에 관한 연구. **교육논총**, 10(1), 5-27.

신현석(2000). 한국교육행정 기능의 변화: 기획론적 관점. **교육행정학 연구**, 18(1), 233-264.

안성원(1995). 학교풍토와 조직헌신도와의 관계 연구. 충남대학교교육대학원 석사학위논문.

오경종(1986). 교육행정가의 행정행위에 대한 상황적응이론 모형의 탐색. 동국대학교 대학원 박사학위논문.

오석홍(1983). **인사행정론**. 서울: 박영사.

왕기항(1986). **교육조직론**. 서울: 집문당.

우정남(1992). 학교조직상황유형에 따른 교장의 권위 및 학교조직 효과
성 분석. 국민대학교 대학원 박사학위논문.

유학현(1989). 학교장의 지도성 유형과 교사조직헌신도와의 관계 연구.
인하대학교교육대학원 석사학위논문.

유현숙(1981). 공사립 교사집단의 조직헌신도. 고려대학교 대학원 석사
학위논문.

이강선(1991). 한국기업에 있어서 리더십 유형이 조직 유효성에 미치는
영향에 관한 연구: Fiedler의 상황적합이론을 중심으로. 전북대학
교 대학원 박사학위논문.

이경옥(2001). 학교조직에서의 도덕적 지도성과 조직건강과의 관계 연
구. 한서 대학교교육대학원 석사학위논문.

이규태(1987). **리더십의 한국학**. 서울: 신태양사.

이기문(1994). **신동아 국어사전**. 서울: 동아출판사.

이돈희(1981). **교육철학개론**. 서울: 배영사.

이상채(1987). 학교장의 지도성 행위·상황·조직건강 간의 관계 연구.
고려대학교 대학원 석사학위논문.

이영창 역(1989). E. S. 레드포드 저. **행정철학**. 서울: 대영문화사.

이완정(1982). 중학교 교장의 지도성과 교사의 직무만족도가 교사의 직
무성과에 미치는 영향에 관한 연구. 고려대학교 대학원 박사학위
논문.

이일권(2003). 교원노조 가입 교사의 이중몰입에 관한 연구. 고려대학교
대학원 박사학위논문.

이장우(2000). 학교조직에서의 도덕적 지도성과 교사의 조직헌신성의 관

계 연 구. 충남대학교교육대학원 석사학위논문.

정종권(1987). 초. 중등학교의 조직풍토 요인과 교사의 직무만족 요인과의 상관관계. 경상대학교교육대학원 석사학위논문.

정진환, 박병진(2001). 학교장의 공직윤리에 관한 교원의 인식. **교육행정학 연구,** 19(4), 363−391.

조남두(1992). 학교조직의 환경·문화·효과성 간의 관계 연구. 고려대학교 대학원 박사학위논문.

조석준(1985). **조직론.** 서울: 법문사.

주삼환(1996). **우리의 교육, 몸으로 가르치자.** 대전: 대교출판사.

정약용(1988). 牧民心書, 다산연구회(편). 목민심서 1권−2권. 서울: 창작과 비평사.

정재욱(1991). 상황적 조절변수를 중심으로 한 리더십의 조직 효과성에 대한 영향에 관한 연구. 중앙대학교 대학원 박사학위논문.

최창현(1998). 학교장의 변혁지향적 리더쉽과 교사의 헌신도와의 관계 연구. 한양대학교교육대학원 석사학위논문.

최흥규(2000). 고등학교장의 도덕적 지도성 수준과 교사의 직무만족과의 관계. 국민대학교교육대학원 석사학위논문.

한국교육행정학회(2003). **교육지도성 및 인간관계론.** 교육행정 전문서 15, 서울: 도서출판 하우.

한덕욱(1985). **조직행동의 동기이론.** 서울: 법문사.

한철언(1995). 체육교사의 조직전념과 직무성과의 관계 연구. 고려대학교교육대학원 석사학위논문.

황영남(2004). 한국 교사평가제의 진단 및 발전 모형 구안. 동국 대학교 대학원 박사학위논문.

홍창남(2005). 학교특성과 교사 헌신의 구조적 관계. 서울대학교 대학원 박사학위논문.

허병기(1998). **교육의 가치와 실천**. 서울: 교육과학사.

2. 외국문헌

Angle, H. & Perry, J.(1981). An empirical assessment of organizational commitment and organizational effectiveness. *Administrative Science Quarterly*, 26, 1−14.

Angle, H. & Perry, J.(1983). *Organizational commitment. Work and occupations*, 10(2).

Anderson, Carolyn S.(1982). The search for school climate: A review of the research. *Review of Educational Research*, 52(3), 368−420.

Baltimore County Public Schools.(1978). *Evaluation of teachers*, Mariland, Towson.

Bass, B. M.(1998). *Transformational leadership: Industrial, military, and educational impact.* Mahwah, NJ: Erlbaum.

Bass, B. M.(1997). Does the transactional−transformational paradigm transcend organizational and national boundaries? *American Psychologist*, 52, 130−139.

Bass, B. M.(1981). *Stogdill's handbook of leadership: A survey of theory and research.* N.Y.: Free Press.

Bass, B. M.(1952). Ultimate criteria of organizational worth. *Personnel Psychology*, 5, 157−168.

Beck, C.(1981). *The reflective approach to values education in soltis, J.(ed.). Philosophy of Education*, Chicago: The University of Chicago Press.

Becker, T. E.(1960). Notes on personal commitment. *American Journal of Sociology,* 66, 32−42.

Becker, T. E., Billings, R. S., Eveleth, D. M., & Gilbert, N. L.(1996). Foci and bases of employee commitment: implementations for job performance. *Academy of Management Journal,* 39, 464−482.

Beck, Lynn G. & Murphy, Joseph.(1994). *Ethic in educational leadership programs: An expanding role.* Thousand Oaks CA: Corwin Press.

Bennis, Warren & Nanus, Burt.(1985). *Leaders: The strategies for taking charge.* N.Y.: Harper Collins.

Brabeck, Mary M.(1995). Morality: Thoughts about the past, thoughts about the future. *Moral Education Forum,* 20(2), 3−7.

Brookover, W. B., John, H., Schweitzer, T. M., Scheider, C. H., & Flood, P. K.(1978). Elementary school social climate and school achievement. *American Educational Research Journal,* 15(2), 301−318.

Calabrese, Raymond L.(1986). Ethical leadership: Prerequisite for effectiveness schools. *NASSP Bulletin(Dec),* 1−4

Cameron, K.(1978). Measuring organizational effectiveness in institutions of higher education. *A.S.Q.,* 23, 604−632.

Campbell, J. P. Dunnette, M. D. & Arevy, R. D.(1974). *The measurement of organizational effectiveness: Review of relevant research and opinion.* San Diego, CA: Navy Personnel Research and Development Center.

Campell, J. P.(1976). *Contributions research can make in understanding organizational effectiveness, in spray, S. L., (ed). organizational effectiveness.* Kent, OH: Kent State University Press.

Carlson, D. S. & Perrewe, P. L.(1995), Institutionalization of organizational ethics through transformational leadership. *Journal of Business Ethics,* 14(10), 829−838.

Chaplin, J.(1974). *Dictionary of psychology.* N.Y.: Dell Publishing Co.

Chelte, A. F. & Tausky, C.(1986). A note on organizational commitment. *Work and Occupations,* 13(4), 553−561.

Cherrington, J. Owen. and Cherrington, David Jack(2000). *Moral leadership and ethical decision −making.* Utah: CHC Forecast, In.

Ciulla, Joanne B(ed).(1998). *Ethics, the heart of headership.* Greenwood Publishing Group, Inc.

Cooper, T. L.(1982). *The responsible administrator: A approach to ethics for the administrative role.* N.Y.: Kennikat Press.

Cruiokshank, D. R.(1983). *Research that informer teacher and teacher educator.* Indiana: Phi Delta Kappan Foundation.

Cusick, P. A.(1973). *Inside high school.* N.Y.: Holt, Rinehart and Winston.

Dalla Costa, J.(1998). *The ethical imperative: Why moral leadership is good business. Reading,* MA: Addison−Wesley.

Davis, Mark A., Johnson, N. B., & Ohmer, D. G.(1998). Issue− contingent effects on ethical decision making: A cross−cultural comparison. *Journal of Business Ethics,* 17, 373−389.

Dickson, Marcus W., Smith, D. B., Grojean, M. G. & Ehrhart, M.(2001). An organizational climate regarding ethics: The outcome of leader values and the practices that reflect them. *The Leadership Quarterly,* 12, 197−217.

Eddings, Pauline Carr.(1995). *Moral leadership strategies for urban school improvement: A case study.* A Dissertation Presented to the Faculty of the Graduate School, Arizona State University, by UMI.

Etzioni, A.(1983). Organizational behavior understanding life at works. N.Y.: Foresman and Co.

Fiedler, F. E.(1967). *A theory of leadership effectiveness.* N.Y.: McGraw −Hill.

Fiedler, F. E.(1978). The contingency model and dynamics of leadership process. in Leonard Berkowity(ed). *Advances in Experimental Social Psychology,* 11, New York: Academic Press.

Flippo, E. B.(1980). *Personal management,* 5th, ed., N.Y.: McGraw− Hill.

Firestone, W. A., & Pennell, J.(1993). Teacher commitment, working conditions, and differential incentives. *Review of Educational Research,* 63(4), 489−526.

Gaber, D.(1984). *The mature society.* 김태창(역), **성숙사회**, 서울: 도서 출판 일념.

Gilligan, C.(1982). *In a different voice: Psychological theory and women's development.* Cambridge, MA: Harvard University Press.

Greenfield, Jr., W. D.(1995). Toward a theory of school administration: The centrality of leadership. *Educational Administration Quarterly,* 31(1), 61−85.

Greenfield, Jr., W. D.(1999). Moral leadership in schools: Fact or fancy?(*Paper presented at the Annual Meeting of the American Educational Research Association, Montreal, Quebec, Canada,* April 19−23).

Greenleaf, R. K.(1970). *The servant as leader.* Newton Center, MA: Robert K. Greenleaf Center.

Greenleaf, R. K.(1977). *Servant leadership: A journey into the nature of legitimate power and greatness.* N.Y.: Paulist.

Halpin, A. W. & Croft. D.B.(1963). *The organizational climate of schools.* Chicago: University of Chicago.

Halpin, A. W. & Croft. D. B.(1966). *The organizational climate of schools: Theory and research in administration.* N.Y.: MacMillian Company.

Halverson, S. K., Holladay, C. L, Kazama, S. M. & Quirrones, M. A.(2004). Self−sacrificial behavior in crisis situations: The competing roles of behavioral and situational factors. *The Leadership Quarterly,* 15, 263−275.

Harmon, Michael M.(1971). *Normative theory and public administration: Some suggestions for a redefinition of administrative responsibility. Frank Marini, ed., Toward a new public administration.* Scranton, PA: Chandler Publishing Co.

Harrington, Susan J.(1997), A test of a person−issue contingent model of ethical decision making in organizations. *Journal of Business Ethics,* 16, 363−375.

Helen, Jordan.(1997). *Leadership wisdom: Balancing on the high wire(Paper presented at the Sixth Annual International Conference for Community and Technical College Chairs, Deans, and Other Organizational Leaders. Fedruary* 12−15, Reno, Nevada, by ERIC ED: 407 015).

Henderson, James E.(1998). *The key to leadership effectiveness −leader authenticity*(by ERIC ED: 419 292).

Heifetz, R. A.(1994). *Leadership with easy answers.* Cambridge, MA: Harvard University Press.

Herbiniak, L. G. & Alutto, J. A.(1972). Personal and role−related factors in the development of organizational commitment. *Administrative Science Quarterly,* 4, 545−560.

Hodgkinson, C.(1978). *Towards a philosophy of administration.* Oxford: Basil Blackwell.

Hodgkinson, C.(1991). *Educational leadership: The moral art.* N.Y.: State University of New York Press.

Hodgkinson, C.(1983). *The philosophy of leadership.* N.Y.: St. Martin's Press.

Homans, G.C.(1967). *Fundamental social process in neil smelesher's sociology.* N.Y.: John Wiley and Sons.

House, R. J.(1971). A path−goal theory of leader effectiveness. *Administrative Science Quarterly,* 16, 235−247.

Hoy, W. K.(1978). *Educational administration.* N.Y.: Random House.

Hoy, W. K. & Hannum, John W.(1997). Middle school climate: An empirical assessment of organizational health and student achievement *Educational Administration Quarterly,* 33(3), 290−311.

Hoy, W. K. & Miskel, C, G.(1987). *Educational administration: Theory, research and practice, 3rd ed.,* N.Y.: Random House.

Hoy, W. K. & Miskel, C, G.(1996). *Educational administration: Theory, research and practice, 5th ed.,* NY: McGraw Hill, Inc.

Hoy, W. K. & Miskel, C, G.(2001). *Educational administration: Theory, research and practice, 6th ed.,* N.Y.: McGraw Hill, Inc.

Ingersoll, R. M., Alsalam, N., Quinn, P., & Bobbitt, S.(1997). Teacher professionalization and teacher commitment: A multilevel analysis. american institutes for research in the behavioral science, Washington, D.C., By ERIC ED 406 349.

Jaros, S. J., Jermier, J. M., Koehler, J. W., & Sincich, T.(1993). Effects of continuance, affective, and moral commitment on the withdrawal process: An evaluation of eight structural equation models. *The Academy of Management Joural,* 36(5), 951－995.

Jones, Gwen E. & Kavanagh, Michael J.(1996). An experimental examination of the effects of individual and situational factors on unethical behavioral intentions in the workplace. *Journal of Business Ethics,* 15(5), 511－523.

Jones, T. M.(1991). Ethical decision making by individuals in organizations: An issue－contingent model. *Academy of Management Review,* 16, 366－392.

Kanter, R. M.(1968). Commitment and social organization: A study of commitment mechanisms in utopian communities. *American Sociological Review,* 33, 499－517.

Katz, D. & Kahn, R. L.(1966). *The social psychology of organizations. 1st ed,.* N.Y.: John Wiley & Sons.

Kidder, R. M.(1995). *How good people make through choice.* N.Y.: William Morrow.

Kalis, M. C.(1980). Teaching experience: Its effect on school climate, teachers' morale. *NASSP Bulletin,* 64(435), 89－102.

Katzell, R. A., Miller, E.E., Rotter, N., & Venet, T.G.(1970). Effects of leadership, other inputs on group processes & outputs. *Journal of*

Social Psychology, 80, 121−132.

Kelman, H. C.(1958). Compliance, identification, and internalization: Three processes of attitude change. *Journal of Conflict Resolution, 2*, 51−60.

Ko, J., Price, L., & Muller, C. W. (1997). Assessment of meyer and allen's three components model of organizational commitment in south korea. *Journal of Applied Psychology, 82*, 961−973.

Kohlberg, L.(1981). *The philosophy of moral development.* N.Y.: Harper Row.

Kriger, Mark. & Yvonne Seng.(2005). Leadership with inner meaning: A contingency theory of leadership based on the worldviews of five religions. *The leadership Quarterly, 16*, 771−806.

Krug, Samuel E.(1990). *Leadership and learning: A measurement based approach for analysing school effectiveness and developing effective school leaders.* national center for school leadership, Urbana, IL, 10, ERIC, ED 327 950.

Laura, Reave.(2005). Spiritual values and practices related to leadership effectiveness. *The Leadership Quarterly, 16*, 655−687.

Law, Louise Y. S., Walker Allan, & Dimmock Clive.(2003). The influence of principals' values on their perception and management of school problems. *Journal of Educational Administration, 41*(5), 498−523.

Leithwood, K.(1994). *Developing expert leadership for future schools.* PA: Falmer Press, Taylor & Francis, Inc.(ERIC Document Reproduction Service No. ED 394 172).

Likert, R.(1967). *The human organization.* Tokyo: McGraw−Hill Kogakusha.

Luthans, F.(1987). Organizational commitment: Analysis of antecedents. *Human Relations,* 40(4), 219－236.

Machieu, J. E. & Zajac, D. M.(1990). A review and meta－analysis of the antecedents and correlates, and consequences of organizational commitment. *Psychological Bulletin,* 108(2).

MacRae, D. & J. A. Wilde.(1979). *Policy analysis for public decisions.* North SC: Duxbury Press.

March, I. G. & Simon, H. A.(1958). *Organizations.* N.Y.: John Wiley & Sons Inc.

Maxcy, Spencer J.(2002). *Ethical school leadership.* The Scarecrow Press: Lanham, Maryland, and London.

McCormick E.J. & Ilgen, D.(1980). *Industrial psychology.* N.Y.: Prentice －Hall.

McCurdy, Jack.,ed.(1988). *The role of the principal in effective schools: Problems and solutions.* Sacramento, CA: Education News Service.

Metcalf, Lawrence E., ed.(1971). *Values education: Rationale, strategies, and procedures.* Washington, DC: National Council for the Social Studies.

Meyer, J. P., & Allen, N. J.(1984). Testing the side－bets theory of organizational commitment: Some methodological consideration. *Journal of Applied Psychology,* 69, 372－378.

Meyer, J. P., & Allen, N. J.(1991). A three－component conceptualization of organizational commitment. *Human Resource Management Review,* 1, 61－89.

Meyer, J. P., & Allen, N. J.(1997). *Commitment in the workplace: Theory, research, and application, Thousand Oaks,* CA: Sage

Publications, Inc.

Miller, William C.(1981). Staff morale, school climate, and educational productivity. *Educational Leadership,* 38(6), 483−486.

Miskel. C., Fevurly. R., & Stewart, J.(1979). Organization structures and process, perceived school effectiveness, loyalty, and job satisfaction. *Education Administration Quarterly,* 15(3), 97−118.

Miskel, C., McDonald, D. & Bloom. S.(1983). Structure and expectancy linkages with school and organizational effectiveness. *Educational Administrational Quarterly,* 19(1), 49−82.

Moor, Rock D.(1996), *Ethical responsibilities for leader in a pluralistic society.* By ERIC ED: 396 385.

Morocco, J. C.(1978). The relationship between the size of elementary schools and pupils perceptions of their environment. *Education,* 98, 447−454.

Morris, J. H. & Steers, R.(1980). Structural influences on organization commitment. *Journal of Vocational Behavior,* 17, 50−57.

Morris, J. H. & Sherman, J.(1981). Generality of an organization commitment model. In Mowday, R., Steers, R., & Porter, L. The measurement of organization commitment. *Journal of Vocational Behavior,* 14, 224−247.

Morrow, P. C.(1983). Concept redundancy in organizational research: The case of work commitment. *Academy of Management Review,* 8, 486−500.

Mott, P. E.(1972). *The characteristics of effective organization.* N.Y.: Harper & Row, Publishers.

Mowday, R. T., Porter, L. W., & Dubin, R.(1974). Unit performance, situational factors, and employee attitudes in specially separated work units. *Organizational Behavior and Human Performance, 12*, 231－248.

Noddings, N.(1984). *Caring: A feminine approach to ethics and moral education.* Berkeley, CA: University of California Press.

Northouse, Peter G.(2001), *Leadership: Theory and practice*(Sage Publications, Inc.).

O'Reilly, C. A., Chatman, J., & Caldwell, D. F.(1991). People and organizational culture: A profile comparison approach to assessing person－organization fit. *Academy of Management Journal, 34*, 487－516.

Pajer, R. G.(1972). A system approach to results oriented performance evaluation. *Personnel administration and Public personnel Review, 1*(3), 28－45.

Piaget, J.(1972). *The moral judgement of the child. M. Gabain(trans).* London: Routledge & kegan Paul.

Porter, L. W. & Lawler, E. E.(1967). Effects of performance on job satisfaction. *Industrial Relations, 7*, 23, October.

Porter, L. W., Steers, R. M., Mowday, R. T., & Boulian, P.(1974). Organizational commitment, job satisfaction, and turnover among psychiatric technicians. *Journal of Applied Psychology, 59*, 603－609.

Porter, Lyman W. & Lawler III, Edward E.(1968). *Managerial attitudes and performance.* Home wood: Irwin.

Prethus, R.(1975). *Public administration.* New York: Ronald Press.

Price, J. L.(1968). *Organizational effectiveness: An inventory of propositions*

(Homewood: III., Richard D. Irwin).

Price, J. L.(1969).*Organizational effectiveness*(Homewood: III., Richard D. Irwin).

Reichers, A. E.(1985). A review and reconceptualization of organizational commitment. *Academy of Management Review*, 10(3), 465−476.

Redfern, G. & Hersey, P.(1980). *Evaluation of teachers.* National Association of Secondary School Principals, February.

Reyes, P.(1992). Individual work orientation and teacher outcomes. *Journal of Educational Research.* 16(2), 231−245.

Reyes, P.(1989). *School incentives, teacher commitment, moral and job satisfaction: A study of public schools.* Paper presented at the annual meeting of the American Education Research Association, San Francisco.

Reyes, P., & Imber, M.(1990). *Teacher' perception of the fairness of their workload and their commitment, job satisfaction, and morale.* Unpublished Manuscript, University of Wisconsin, Madison.

Richardson, M. D.(1992). *Teacher perception of principal behavior −A study* paper presented at the annual meeting of the mid−south Educational Research Association Knoxville Tennessee, ED 352 710.

Ripple, G.(1980). *Performance appraisal & staff development in educational administration,* paper presented at the College Board Midwestern Regional Meeting, Ill.: Chicago.

Rosenshine, B.(1978). Enthusiastic teaching: A research review. *School Review*, 2, 34−50.

Rosenholtz, S. J. & Simopson, C.(1990). Workplace conditions and rise and fall of teacher commitment. *Sociology of Education,* 63(4), 241−257.

Rosenholtz, S. J.(1989). Teachers' workplace: The social organization of schools. N.Y.: Longman.

Rusbult, C. E. & Farrell, D.(1983). A longitudinal test of the investment model: The compact of job satisfaction, job commitment, and turnover of variations in rewards, cost, alternatives and investments. *Journal of Applied Psychology,* 68, 429−438.

Rutter, M. (1984). *Fifteen thousand hours: Secondary schools and their effects on children,* 128, Quoted in Herman E. Behling, the Effective School, Maryland Association of Teacher Education, ERIC, ED 257 222.

Salancik, G. R.(1977). *Commitment and the control of organizational behavior and belief: New directions in organizational behavior.* Chicago: Clair Press.

Salancik, G. R.(1981). *Commitment and the control of organizational behavior and belief,* R.M. Steers and L.W. Porter, *motivation and work behavior,* 2nd ed., N.Y.: McGraw−Hill International Book Co.

Samir, E.(2003). *Ethical foundations for educational administration.* London and N.Y.: Routledge Falmer.

Sapre, Padmakar M. and Ranade, Mridula D.(2001). Moral leadership in education: An indian perspective. *International Journal of Leadership in Education,* 4(4), 367−381.

Schminke, M., Ambrose, M. L., & Noel, T. W. (1997). The effect of ethical frameworks on perceptions of organizational justice.

Academy of Management Journal, 40(5), 1190−1207.

Senge, P. M.(1990). *The Fifth Discipline: The art and practice of the learning organization.* N.Y.: Double day.

Sergiovanni, Thomas J.(1992). *Moral leadership: Getting to the heart of school improvement*(San Francisco: Jossey−Bass publishers).

Shaw, M.E. & Blum, J. M.(1966). Effects of leadership style upon group performance as a function of task Structure. *Journal of Personality & Social Psychology,* 3, 56−70.

Sheldon, M. E.(1971). Investments and investments as mechanism producing commitment to the organization. *Administrative Science Quarterly,* 16, 143−150.

Steers, R. M.(1975). Problems in the measurement of organizational effectiveness. *Administrative Science Quarterly,* 13, 548−558.

Steers, R. M.(1977). Antecedents and outcomes of organizational commitment. *Administrative Science Quarterly,* 22, 46−56.

Steers, R. M.(1977). *Organizational effectiveness: A behavior view.* Stantamonica, California: Goodyear Publishing Co.

Sternberg, Robert J. & Victor Vroom.(2002). The person versus the situation in leadership. *The Leadership Quarterly,* 13, 301−323.

Stevens, R. H., Beyers, J. M., & Trice, H. M.(1978). Assessing personal, role, and organizational predictors of managerial commitment. *Academy of Management Journal,* 21, 380−396.

Stogdill, R. M.(1974). *Handbook of leadership.* N.Y.: Free Press.

Strratt, R. J.(1991). Building an ethical school: A theory for practice in educational leadership. *Educational Administration Quarterly,* 27(2), 185−202.

Szilagyi Jr A. D. & Wallace Jr, M. J.(1987). Organizational behavior and performance. N.Y.: Foresman and Co.

Texas secondary School systems.(1980). Board of Education Pub., 11-13.

Timperley, Helen S. and Robinson, M. J.(1999). Collegiality in schools: Its nature and implications for problem solving. *Educational Administrational Quarterly,* 34(Supplemental), 608-629.

Trevino, L. K.(1986). Ethical decision making in organizations: A person -situation interactionist model. *Academy of Management Review,* 11(3), 601-617.

Velasquez, L. K.(1992). *Business ethics: Concepts and cases.* 3rd ed. Englewood Cliffs, NJ: Prentice-Hall.

Vitell, S. J. & Davis, D. L.(1990). The relationship between ethics and job satisfaction: An empirical investigation. *Journal of Business Ethics,* 9, 489-494.

Wilcox, J. R. & Ebbs, S. L.(1993). E*thical leadership: Successfully communicating institutional values. Nacubo* Business Officer(March), 37-39.

Yukl, G A.(1981). *Leadership in Organization*(Prentice-Hall, Inc., Englewood Cliffs, N.J.).

Yukl, G. A.(1994). *Leadership in organization.* 3nd ed., Englewood Cliffs, New Jersey: Prentice-Hall.

Yusof, A.(1999). *The relationship between transformational leadership behaviors of athletic directors and leadership substitutes variables with the job satisfaction of coaches at NCAA Division I&III Institutions.* Doctoral Dissertation, University of Connecticut.

〈부록 - 1〉

학교 상황의 구성요인에 관한 교사의 인식 설문지

1. 선생님에 대한 기초자료

* 다음 사항 중 해당란에 ✓ 또는 기술하여 주십시오.

1. 교직경력: (　　　)년
2. 성별: ① 남(　　　), ② 여(　　　)
3. 설립별: ① 국공립(　　　), ② 사립(　　　)
4. 학교별: ① 초등(　　　), ② 중등(　　　)

2. 질문 내용:

"학교장이 높은 도덕적 자질(청렴성, 공정성, 사명감, 책임감, 헌신성 등)을 소유하고, 도덕적 추론에 의해 합리적인 의사결정을 하며, 구성원들에게 정직하게 대하고 헌신적으로 봉사하여 학교를 효과적으로 이끄는 지도성"을 학교장의 도덕적 지도성이라고 한다면, 학교 내의 어떤 상황의 요인에 의해 선생님께서 근무하시는 교장 선생님의 도덕적 지도성이 학교의 좋은 성과를 낼 수 있다고 생각하시는지를 있는 그대로 서술해 주십시오.

단, 선생님께서 생각하시는 학교 상황의 요인은 우선순위를 정하셔서 하나 또는 그 이상을 간략하게 적어 주시면 됩니다.

<참고>: 예를 들면, 선생님께서 근무하고 계시는 학교 내의 상황적 요인을 선생님들의 '협동'(교사의 전문성, 수업관리, 교육과정, 수업의 장학 및 평가, 교사 간의 신뢰적 인간관계, 노조의 건전성, 학교의 시설이나 환경 요인, 교사와 학생의 수업에 대한 노력, 인사의 공정성, 업무의 과학화, 교사의 신앙, 교장과의 교사의 인격적 관계, 행정의 능률화 등등도 있고 다른 요인들도 생각해 보실 수 있겠지요.)에 의해서 교장 선생님의 도덕적 지도성을 높일 수 있다고 생각하신다면, 왜 그런지를 간략하게 서술적으로 기술해 주시면 됩니다.

〈부록-2〉 학교 상황의 구성요인에 대한 전문가 집단 조사

안녕하세요. 교육 발전을 위해 노력하고 계시는 교수님들께 경의를 표합니다. 저는 <u>학교장의 도덕적 지도성이 학교조직의 상황의 조합 정도에 따라 학교조직 효과성에 미치는 영향</u>에 대한 연구를 하고자 합니다.

지금까지 학교조직의 지도성에 대한 연구는 가치문제에 대해 소홀히 하였습니다만, 도덕적 지도성의 선행연구들을 살펴보면 지도자의 신념, 도덕, 윤리 등이 학교조직 효과성을 높이는 데 매우 중요한 요인으로 나타나고 있습니다. 그러나 그 대부분은 질적인 연구들이어서 변인 간의 구체적인 관계를 구명할 수가 없으며, 또한 이에 대한 실증적인 연구의 수와 주제도 매우 한정되어 있는 편입니다.

특히, 조직연구에 있어서 반드시 고려해야 할 상황 요인은 조직의 맥락을 이해하는 데 매우 중요한 요인임에도 불구하고 이를 고려한 도덕적 지도성 관련 연구가 없는 실정입니다. 저는 이러한 문제의식을 가지고 조직 효과성과 관계해서, 즉 학교장의 도덕적 지도성이 학교 상황변인의 수준에 따라 학교조직 효과성에 미치는 영향관계를 탐색하고자 합니다.

그러나 학교 상황 요인에 대한 기존의 연구들은 대부분의 문헌 연구에 의존하고 있어서 우리나라 학교 상황의 실제적인 요인들이라고 하기에는 무리가 있다고 생각합니다. 따라서 우리나라의 학교 현장을 좀 더 깊이 있게 이해하기 위해서는 이에 대한 실제적인 연구가 필요하다고 생각합니다.

저는 이러한 연구를 하기 위해, 우리나라 학교 현장에 내재한 상황 요인들을 알아보고자, "학교조직 내의 상황적 요인에 대한 교사 인식조사"라는 파일럿 연구를 통하여 10개의 요인들을 도출하였습니다. 저는 교수님들의 고견을 통하여 최종적으로 각 차원별로 1개씩 모두 3개를 학교 상황 요인으로 설정하고자 합니다.

교수님께서 생각하시는 의견을 선택하여 적어주시면 감사하겠습니다.

2005. 3.

고려대학교 대학원 교육학과 김재덕 올림

<질문> 교수님께서는 초·중등학교조직 내에서 학교장이 도덕적 지도성을 발휘하여 학교조직 효과성을 높이려면 파일럿 연구에서 도출된 다음과 같은 3개 차원의 학교조직 내의 상황 요인 중 어떤 요인이 중요하다고 생각하시는지 <u>각각의 차원에서 중요도의 순서대로 적어 주십시오</u>(예, 1, 2, 3 …… 또는 1순위, 2순위, 3순위……).

* 파일럿 연구에 의한 학교조직의 상황 요인

차 원	구성요인	빈도수	순 위
인간관계 차원	구성원 간의 인간관계 (교장－교사, 교사－교사)	52 / 166	
	구성원의 전문성	7 / 166	
풍토 차원	개방적(수업적) 풍토	35 / 166	
	윤리적 문화	15 / 166	
직무관계 차원	지원적인 행정	7 / 166	
	학습자 중심업무	4 / 166	
	근무여건	12 / 166	
	과업의 구조화(능률화)	25 / 166	
	원활한 의사소통	2 / 166	
	권한위임	7 / 166	

* 빈도수의 166은 파일럿 연구의 총 빈도수임.

〈부록 - 3〉

예비검사 질문지

이 질문지는 <u>학교장의 도덕적 지도성이 학교조직 내 상황의 조합 정도에 따라 학교조직의 효과성에 어떤 영향을 미치는지를 연구</u>하는 데 필요한 자료를 수집하기 위한 것입니다. 선생님께서 교직 업무로 바쁘실 줄 아오나 잠깐만 시간을 할애하시어 저의 연구를 도와주시면 고맙겠습니다.

선생님의 솔직하고 성의 있는 응답은 이 연구의 성패를 좌우하오니 아무쪼록 선생님께서 현재 근무하시면서 느끼신 점들을 근거로 하여 솔직하게 빠짐없이 응답해 주시기 바랍니다.

선생님의 응답 내용은 연구 목적 이외에는 절대로 사용하지 않을 것을 약속드립니다. 도와주셔서 감사합니다.

2005년 4월 일

고려대학교 대학원 교육학과 김재덕 올림

Ⅰ. 선생님 학교의 교장님에 대한 기초자료

1. 학교장의 교장 근무경력: ① 만 1–3년 이하(　　), ② 만 4–6년 이하(　　),
   ③ 만 7년 이상(　　)
2. 학교장의 성별: ① 남(　　), ② 여(　　)
3. 학교장의 연령: ① 50세 이하(　　) ② 51–60세 이하(　　) ③ 61세 이상(　　)
4. 학교장의 학력: ① 대학졸(　　), ② 대학원졸(　　)

II. 응답하시는 선생님에 대한 기초자료

1. 성별: ① 남(   ) ② 여(   )

2. 교직경력: 만 (   )년

4. 학력: ① 대학졸(   ) ② 대학원졸(   )

5. 근무학교의 유형

5-1. 설립별: ① 국공립(   ) ② 사립(   )

5-2. 학교급별: ① 초등학교(   ) ② 중학교(   ) ③ 고등학교(   )

7. 현 학교 소재지: ① 서울(   )

8. 학교 규모: 전체 총 학급의 수(   )

* **현재 근무하시는 학교의 교장 선생님의 태도나 행동을 염두에 두시고 생각하시는 곳에 '√'표를 하여 주십시오(단, **는 역계산에 유의).**

I. 학교장의 도덕적 지도성 측정을 위한 질문지

문항 번호	질문내용 우리 학교 교장 선생님은 ……	1 전혀 그렇지 않다	2 거의 그렇지 않다	3 보통 이다	4 거의 그렇다	5 완전히 그렇다
1	예산집행에 있어 사적 이익을 추구하지 않는다.					
2	교장의 지위를 이용하여 부당한 이익을 취하지 않는다.					
3	학교에서 절약과 검소한 생활을 한다.					
4	학교에서 사적인 일로 시간을 보내지 않는다.					
5	공인으로서의 역할을 잘 수행하고 있다.					
6	교직의 일을 최우선으로 생각하고 수행한다.					

문항 번호	질문내용	1	2	3	4	5
	우리 학교 교장 선생님은 ……	전혀 그렇지 않다	거의 그렇지 않다	보통 이다	거의 그렇다	완전히 그렇다
7	학생을 교육함에 있어 솔선수범하는 자세를 갖는다.					
8	학생 교육에 가장 중요한 가치를 둔다.					
9	신참교사에게 무리한 업무를 배정하지 않는다.					
10	업무처리에 있어 좋아하는 교사와 싫어하는 교사를 차별하지 않는다.					
11	교사에 대한 근무평정이 공정하다.					
12	보직교사의 임명은 능력과 내규에 의한다.					
13	**특정 교사들만 편애하고 다른 교사들에게는 관심도 없다.					
14	교수-학습이 잘 이루어지도록 충분한 지원을 한다.					
15	학생들에게 다양한 교육활동을 하도록 노력한다.					
16	학교 내의 잘못된 업무처리 방식과 정책을 고쳐 나간다.					
17	교사들이 더욱 발전할 수 있도록 관심을 가지고 지원한다.					
18	직무 수행을 할 때 이치나 도리에 어긋나지 않는 판단을 한다.					
19	교사들에게 이성적 판단에 의한 학생 지도를 권장한다.					
20	직무 수행 방식이 객관적이다.					
21	협의를 통한 의사결정 절차를 중시한다.					
22	교사와의 갈등이 있을 때 감정보다는 이성에 기초하여 해결한다.					
23	협의과정에서 교사들이 자유롭게 참여할 수 있는 분위기를 조성한다.					
24	교사가 하는 일에 이유 없이 간섭하지 않는다.					

문항 번호	질문내용 우리 학교 교장 선생님은 ……	1 전혀 그렇지 않다	2 거의 그렇지 않다	3 보통 이다	4 거의 그렇다	5 완전히 그렇다
25	자신의 의견보다 교사의 의견을 먼저 고려하여 결정한다.					
26	의사결정과정에서 교사나 학생의 입장을 존중하는 역지사지를 실천한다.					
27	자신의 어려움은 교사에게 폐가 될 것을 염려하여 드러내지 않는다.					
28	바쁜 일이 있어도 교사의 업무를 도와주거나 청을 들어준 후 자신의 일을 본다.					
29	교사들에게 거짓말을 하지 않는다.					
30	교사들에게 한 약속을 지킨다.					
31	자신의 잘못을 교사의 잘못으로 돌리지 않는다.					
32	교사들에게 위선적 행동을 하지 않는다.					
33	교사의 의견을 의도적으로 왜곡시키지 않는다.					
34	교사나 학생들의 어려움을 잘 보살펴 준다.					
35	평소에 선한 행동을 자주 실천한다.					
36	교사 / 학생들이 하기 어려운 업무는 시간을 할애하여 도와준다.					
37	업무시간 이외도 교사들을 위해 시간을 할애한다.					
38	어려운 학생이나 교사에게 물질적인 도움을 준다.					

* <u>현재 근무하시는 학교 내의 상황을 염두에 두시고 생각하시는 곳</u>에 '√'표를 하여 주십시오.

II. 학교조직의 상황을 측정하기 위한 질문지

문항 번호	질문내용 우리 학교에서	1 전혀 그렇지 않다	2 거의 그렇지 않다	3 보통 이다	4 거의 그렇다	5 완전히 그렇다
39	교장은 교사들의 의견을 존중한다.					
40	교장은 교사들의 능력을 인정한다.					
41	교장은 교사들에게 언행을 함부로 하지 않는다.					
42	교사들은 교장의 교육정책에 협조적이다.					
43	교장과 교장 간에 불화와 갈등이 없다.					
44	교사들은 교장의 업무 지시에 협조적이다.					
45	교사들은 파벌을 형성하는 경향이 없다.					
46	다른 동료 교사들은 서로의 어려움을 이해하고 수용하는 관계이다.					
47	교사들은 서로 신뢰한다.					
48	교사 간에는 업무체제가 대화를 통해 잘 이루어지는 편이다.					
49	교사들은 수업개선 방안을 서로 대화한다.					
50	교사 간의 어려운 문제는 대화로써 해결한다.					
51	업무 처리하는 시간이 길지 않다.					
52	업무방식이나 처리하는 과정이 합리적이다.					
53	업무 처리에 많은 인원과 비용이 소모 되지 않는다.					
54	과업목표와 달성방법에 대한 지침서가 구체적으로 제시되어 있다.					
55	과업목표와 그 달성방법에 대해 유익한 설명이나 조언을 해줄 사람이 있다.					

문항 번호	질문내용 우리 학교에서	1 전혀 그렇지 않다	2 거의 그렇지 않다	3 보통 이다	4 거의 그렇다	5 완전히 그렇다
56	과업에 대한 최선의 결과나 해결책을 제시하는 지침서가 있다.					
57	업무수행과정을 구체화된 단계적 절차나 표준화된 작업절차가 있다.					
58	업무를 수행하는 데 한 가지 이상의 좋은 업무수행 방법이 있다.					
59	과업의 완성시기가 분명하다.					
60	교장은 교사들의 창의성을 존중한다.					
61	교장은 교사들에게 수업에 대한 의욕을 갖도록 한다.					
62	교사들의 자발적 비공식적 모임을 격려하고 지원한다.					
63	교사들은 교재 준비할 시간이 충분하다.					
64	교장은 교사들의 애로를 잘 알고 있다.					
65	교장은 교사들이 업무를 완료할 때까지 적극 지원하고 독촉하지 않는다.					
66	교장은 교사들의 의견을 받아들인다.					
67	교장은 교사들에게 따뜻하고 친절하다.					
68	교사들은 학습 분위기 조성을 위해 노력한다.					
69	교사들은 학습에 투입된 실질적인 시간이 많도록 수업시간을 최대한 활용한다.					
70	교사들은 자신의 전공과목 및 수업기술에 대한 새로운 전문적 지식을 얻기 위해 노력한다.					
71	교직원들은 학생들 사이에 성적향상을 자랑스럽게 여기는 학교풍토를 만들려고 노력한다.					
72	교장은 교수−학습에 깊은 관심을 가진다.					
73	교장은 수업 중 각종 시청각 자료나 교구의 적절한 사용을 권장한다.					

* <u>현재 근무하시는 학교 내의 상황</u>을 염두에 두시고 생각하시는 곳에 '√'표를 하여 주십시오.

Ⅲ. 학교조직의 효과성 측정을 위한 질문지

문항 번호	질문내용 학교에서~	1 전혀 그렇지 않다	2 거의 그렇지 않다	3 보통 이다	4 거의 그렇다	5 완전히 그렇다
74	나는 교재연구를 열심히 한다.					
75	나의 수업시간은 나의 교재연구에 비하면 적당하다.					
76	나는 수업과 관련하여 필요한 제작물을 만들기 위해 최대한 노력한다.					
77	나의 수업에 대한 학생들의 반응은 좋다.					
78	학업 성취도가 떨어지는 학생들에 대한 나의 지도는 적당하다.					
79	내가 가르치는 학생들의 최근 학업성적이 향상되고 있다					
80	나는 문제가 있는 학생을 열심히 지도한다.					
81	나는 학생들의 인성지도를 열심히 한다.					
82	나의 학급의 환경정리는 학교가 요구하는 수준이다.					
83	나의 학급관리는 학교가 요구하는 수준이다.					
84	지난 일 년간 나의 출근상황은 좋은 편이었다.					
85	나의 사무처리의 정확성은 학교가 요구하는 수준이다.					
86	나의 가치와 학교의 가치가 일치함을 느낀다.					
87	나는 우리 학교에 소속되어 있는 것에 대해 보람을 느낀다.					
88	나는 타 기관에서 처우를 높여주어도 이 학교를 그만두지 않겠다.					

문항 번호	질문내용 학교에서~	1 전혀 그렇지 않다	2 거의 그렇지 않다	3 보통 이다	4 거의 그렇다	5 완전히 그렇다
89	나에게 있어 이 학교야말로 일하기에 가장 좋은 곳이다.					
90	나는 우리 학교가 근무하기에 좋은 곳이라고 친구들에게 말한다.					
91	나는 진정 우리 학교의 장래가 잘되길 염려하는 편이다.					
92	나는 학교를 위해서라면 어려운 과제라도 수락할 수 있다.					
93	나는 우리 학교에 대한 충성심을 가지고 있다.					
94	나는 우리 학교가 잘되도록 최대한 노력한다.					

바쁘신 중에도 질문에 응답해 주셔서 대단히 감사합니다.

⟨부록 – 4⟩

예비검사 질문지의 신뢰도

상위변인	하위변인	세부변인	초기문항수	최종문항	최종문항수	신뢰도
학교장의 도덕적 지도성 0.9481	도덕적 자질 0.9555	청렴성	4	1,2	2	0.9529
		사명감	4	5,6,7,8	4	0.9426
		공정성	5	10,11,12	3	0.8694
		책임감	4	15-18	4	0.9104
	도덕적 추론 0.9441	이성적 판단	7	19-24	6	0.9218
		이타적 결정	4	26,27,29	3	0.8862
	도덕적 행위 0.8739	정　직	5	30-33	4	0.9568
		봉　사	5	35-38	4	0.8983
학교조직 내 상황 0.9130	인간관계 0.8779	교사 가치존중	3	40,41	2	0.8141
		교장 권위인정	3	43,45	2	0.7751
		교사 간 상호협조	3	47,48	2	0.8668
		원활한 의사소통	3	50,51	2	0.8495
	학교풍토 0.9317	교사의 자율성	4	52,53	2	0.8073
		교장의 배려	4	56-59	4	0.8569
		수업 지향성	6	60-65	6	0.8982
	과업의 구조화 0.8715	능률성	3	66,68	2	0.6492
		과업목표 명시	3	69,70,71	3	0.8926
		과업달성방법	3	72,73,74	3	0.8743
조직 효과성 0.8925	직무성과 0.8340	수업준비	3	75,77	2	0.6637
		수업지도	3	79,80	2	0.7648
		생활지도	2	81,82	2	0.6784
		학급경영	2	83,84	2	0.7618
		근무상태	2	85,86	2	0.6647
	헌신성 0.8994	가　치	4	88,89,90	3	0.8488
		의　지	2	91,92	2	0.6303
		충　성	3	93~95	3	0.8416

<부록 - 5>

본검사 질문지

이 질문지는 <u>학교장의 도덕적 지도성이 학교조직 내 상황의 조합 정도에 따라 학교조직의 효과성에 어떤 영향을 미치는지를 연구</u>하는 데 필요한 자료를 수집하기 위한 것입니다. 선생님께서 교직 업무로 바쁘실 줄 아오나 잠깐만 시간을 할애하시어 저의 연구를 도와주시면 고맙겠습니다.

선생님의 솔직하고 성의 있는 응답은 이 연구의 성패를 좌우하오니 아무쪼록 선생님께서 현재 근무하시면서 느끼신 점들을 근거로 하여 솔직하게 빠짐없이 응답해 주시기 바랍니다.

선생님의 응답 내용은 연구 목적 이외에는 절대로 사용하지 않을 것을 약속드립니다. 도와주셔서 감사합니다.

2005년 4월 일

고려대학교 대학원 교육학과 김재덕 올림

Ⅰ. 선생님 학교의 교장님에 대한 기초자료(적당한 곳에 '∨'를 하여 주십시오.)

1. 학교장의 교장 근무경력: ① 만 1-3년 이하(   ), ②만 4-6년 이하(   ), ③ 만 7년 이상(   )
2. 학교장의 성별: ① 남(   ), ② 여(   )
3. 학교장의 연령: ① 50세 이하(   ) ② 51-60세 이하(   ) ③ 61세 이상(   )
4. 학교장의 학력: ① 대학졸(   ), ② 대학원졸(   )

Ⅱ. 응답하시는 선생님에 대한 기초자료(적당한 곳에 '∨'나 숫자를 써

　주십시오.)

1. 성별: ① 남(　　) ② 여(　　)
2. 교직경력: 만 (　　)년
3. 학력: ① 대학졸(　　) ② 대학원졸(　　)
4. 근무학교의 유형
4-1. 설립별: ① 국공립(　　) ② 사립(　　)
4-2. 학교급별: ① 초등학교(　　) ② 중학교(　　) ③ 고등학교(　　)
5. 현 학교 소재지: ① 서울(　　)
6. 학교 규모: 전체 총 학급의 수(　　)

*** 현재 근무하시는 학교의 교장 선생님의 태도나 행동을 염두에 두시고 생각하시는 곳에 '√'표를 하여 주십시오.**

Ⅰ. 학교장의 도덕적 지도성 측정을 위한 질문지

문항 번호	질문내용 우리 학교 교장 선생님은~	1 전혀 그렇지 않다	2 거의 그렇지 않다	3 보통 이다	4 거의 그렇다	5 완전히 그렇다
1	예산집행에 있어 사적 이익을 추구하지 않는다.					
2	교장의 지위를 이용하여 부당한 이익을 취하지 않는다.					
3	공인으로서의 역할을 잘 수행하고 있다.					
4	교직의 일을 최우선으로 생각하고 수행한다.					
5	학생을 교육함에 있어 솔선수범하는 자세를 갖는다.					
6	학생 교육에 가장 중요한 가치를 둔다.					

문항 번호	질문내용 우리 학교 교장 선생님은~	1 전혀 그렇지 않다	2 거의 그렇지 않다	3 보통 이다	4 거의 그렇다	5 완전히 그렇다
7	업무처리에 있어 좋아하는 교사와 싫어하는 교사를 차별하지 않는다.					
8	교사에 대한 근무평정이 공정하다.					
9	보직교사의 임명은 능력과 내규에 의한다.					
10	교수−학습이 잘 이루어지도록 충분한 지원을 한다.					
11	교사들이 더욱 발전할 수 있도록 관심을 가지고 지원한다.					
12	직무 수행 방식이 객관적이다.					
13	협의를 통한 의사결정 절차를 중시한다.					
14	교사와의 갈등이 있을 때 감정보다는 이성에 기초하여 해결한다.					
15	협의과정에서 교사들이 자유롭게 참여할 수 있는 분위기를 조성한다.					
16	자신의 의견보다 교사의 의견을 먼저 고려하여 결정한다.					
17	의사결정과정에서 교사나 학생의 입장을 존중하는 역지사지를 실천한다.					
18	바쁜 일이 있어도 교사의 업무를 도와주거나 청을 들어준 후 자신의 일을 본다.					
19	교사들에게 거짓말을 하지 않는다.					
20	교사들에게 한 약속을 지킨다.					
21	자신의 잘못을 교사의 잘못으로 돌리지 않는다.					
22	교사들에게 위선적 행동을 하지 않는다.					
23	교사나 학생들의 어려움을 잘 보살펴 준다.					
24	평소에 선한 행동을 자주 실천한다.					
25	교사 / 학생들이 하기 어려운 업무는 시간을 할애하여 도와준다.					
26	업무시간 이외도 교사들을 위해 시간을 할애한다.					

* <u>현재 근무하시는 학교 내의 상황을</u> 염두에 두시고 생각하시는 곳에 '√'표를 하여 주십시오.

II. 학교조직의 상황을 측정하기 위한 질문지

문항 번호	질문내용 우리 학교에서~	1 전혀 그렇지 않다	2 거의 그렇지 않다	3 보통 이다	4 거의 그렇다	5 완전히 그렇다
27	교장은 교사들의 의견을 존중한다.					
28	교장은 교사들의 능력을 인정한다.					
29	교사들은 교장의 교육정책에 협조적이다.					
30	교사들은 교장의 업무 지시에 협조적이다.					
31	교사들은 서로 신뢰한다.					
32	교사들은 수업개선 방안을 서로 대화한다.					
33	교사 간의 어려운 문제는 대화로써 해결한다.					
34	업무 처리하는 시간이 길지 않다.					
35	업무 처리에 많은 인원과 비용이 소모되지 않는다.					
36	과업목표와 달성방법에 대한 지침서가 구체적으로 제시되어 있다.					
37	과업목표와 그 달성방법에 대해 유익한 설명이나 조언을 해줄 사람이 있다.					
38	과업에 대한 최선의 결과나 해결책을 제시하는 지침서가 있다.					
39	업무수행과정을 구체화한 단계적 절차나 표준화된 작업절차가 있다.					
40	업무를 수행하는 데 한 가지 이상의 좋은 업무수행 방법이 있다.					
41	과업의 완성시기가 분명하다.					
42	교장은 교사들에게 수업에 대한 의욕을 갖도록 한다.					

문항 번호	질문내용 우리 학교에서~	1 전혀 그렇지 않다	2 거의 그렇지 않다	3 보통 이다	4 거의 그렇다	5 완전히 그렇다
43	교장은 교사들의 애로를 잘 알고 있다.					
44	교장은 교사들이 업무를 완료할 때까지 적극 지원하고 독촉하지 않는다.					
45	교장은 교사들의 의견을 받아들인다.					
46	교장은 교사들에게 따뜻하고 친절하다.					
47	교사들은 학습 분위기 조성을 위해 노력한다.					
48	교사들은 학습에 투입된 실질적인 시간이 많도록 수업시간을 최대한 활용한다.					
49	교사들은 자신의 전공과목 및 수업기술에 대한 새로운 전문적 지식을 얻기 위해 노력한다.					
50	교직원들은 학생들 사이에 성적향상을 자랑스럽게 여기는 학교풍토를 만들려고 노력한다.					
51	교장은 교수-학습에 깊은 관심을 가진다.					

* <u>현재 근무하시는 학교 내의 상황</u>을 염두에 두시고 생각하시는 곳에 '√'표를 하여 주십시오.

Ⅲ. 학교조직의 효과성 측정을 위한 질문지

문항 번호	질문내용 학교에서~	1 전혀 그렇지 않다	2 거의 그렇지 않다	3 보통 이다	4 거의 그렇다	5 완전히 그렇다
52	나는 교재연구를 열심히 한다.					
53	나는 수업과 관련하여 필요한 제작물을 만들기 위해 최대한 노력한다.					
54	학업 성취도가 떨어지는 학생들에 대한 나의 지도는 적당하다.					
55	내가 가르치는 학생들의 최근 학업성적이 향상되고 있다					
56	나는 문제가 있는 학생을 열심히 지도한다.					
57	나는 학생들의 인성지도를 열심히 한다.					
58	나의 학급의 환경정리는 학교가 요구하는 수준이다.					
59	나의 학급관리는 학교가 요구하는 수준이다.					
60	지난 일 년간 나의 출근상황은 좋은 편이었다.					
61	나의 사무처리의 정확성은 학교가 요구하는 수준이다.					
62	나는 우리 학교에 소속되어 있는 것에 대해 보람을 느낀다.					
63	나는 타 기관에서 처우를 높여주어도 이 학교를 그만두지 않겠다.					
64	나에게 있어 이 학교야말로 일하기에 가장 좋은 곳이다.					
65	나는 우리 학교가 근무하기에 좋은 곳이라고 친구들에게 말한다.					

문항 번호	질문내용	1	2	3	4	5
	학교에서~	전혀 그렇지 않다	거의 그렇지 않다	보통 이다	거의 그렇다	완전히 그렇다
66	나는 진정 우리 학교의 장래가 잘되길 염려하는 편이다.					
67	나는 학교를 위해서라면 어려운 과제라도 수락할 수 있다.					
68	나는 우리 학교에 대한 충성심을 가지고 있다.					
69	나는 우리 학교가 잘되도록 최대한 노력한다.					

바쁘신 중에도 질문에 응답해 주셔서 대단히 감사합니다.

〈부록 - 6〉 학교장의 도덕적 지도성에 대한 예비검사 요인분석

측정변인	문 항	요인1	요인2	요인3
	Q1	.24	**.78**	.10
	Q2	.21	**.84**	.11
	Q5	.39	**.75**	.12
	Q6	.44	**.71**	.20
	Q7	.38	**.72**	.19
	Q8	.41	**.72**	.26
	Q10	.41	**.58**	.14
	Q11	.58	**.59**	.19
	Q12	.53	**.57**	.15
	Q14	.64	**.53**	.11
	Q17	.47	**.71**	.15
	Q20	**.65**	.45	.20
학교장의	Q21	**.76**	.36	.16
도덕적 지도성	Q22	**.78**	.35	.12
	Q23	**.71**	.27	.24
	Q25	**.82**	.27	.16
	Q26	**.77**	.32	.23
	Q28	**.70**	.32	.27
	Q29	.12	.15	**.93**
	Q30	.12	.16	**.93**
	Q31	.17	.14	**.90**
	Q32	.20	.17	**.90**
	Q34	−.02	.30	**.68**
	Q35	.08	.27	**.73**
	Q36	.09	.27	**.77**
	Q37	.04	.17	**.82**

〈부록-7〉 학교조직 상황에 대한 예비검사 요인분석

측정변인	문항	요인1	요인2	요인3
학교조직 내 상황	Q39	.30	**.70**	.17
	Q40	.41	**.78**	.09
	Q42	.25	**.72**	.07
	Q44	.18	**.65**	.09
	Q47	.26	**.72**	.07
	Q49	.13	**.80**	.02
	Q50	.20	**.77**	−.06
	Q51	−.16	−.02	**.68**
	Q53	−.12	.09	**.61**
	Q54	.59	.22	**.60**
	Q55	.47	.23	**.66**
	Q56	.51	.34	**.59**
	Q57	.43	.42	**.57**
	Q58	.48	.33	**.60**
	Q59	.48	.34	**.51**
	Q61	**.68**	.47	.07
	Q64	**.69**	.16	.13
	Q65	**.65**	.17	.40
	Q66	**.69**	.45	.21
	Q67	**.82**	.18	.11
	Q68	**.69**	.42	−.03
	Q69	**.67**	.40	−.07
	Q70	**.80**	.32	−.08
	Q71	**.58**	.40	.12
	Q72	**.55**	.54	.14

〈부록-8〉 학교조직 효과성에 대한 예비검사 요인분석

측정변인	문항	요인1	요인2
학교조직 효과성	Q74	−.08	.57
	Q76	.23	.65
	Q78	.18	.60
	Q79	.18	.65
	Q80	.41	.56
	Q81	.18	.67
	Q82	−.01	.59
	Q83	−.03	.65
	Q84	.11	.61
	Q85	.02	.67
	Q87	.83	.07
	Q88	.79	.01
	Q89	.85	−.01
	Q90	.83	−.06
	Q91	.70	.39
	Q92	.72	.16
	Q93	.74	.11
	Q94	.64	.30

색 인

보편적 행위 규범 ; 57
봉사 ; 26, 93
부도덕적 행위 ; 27
분류법 ; 58
분산분석 ; 189
분산팽창요인 ; 208
분석논문 ; 24
분석대상 ; 24, 49
분석적 도구 ; 58
비도덕적인 사람 ; 70

(ㅅ)

사람 중심적 차원 ; 123
사람과 조직 중심적 차원 ; 124
사명감 ; 84
사회적 상황 ; 28
사후검증 ; 189
상관계수 ; 30
상황 요인 ; 27
상황변인 ; 27
상황적 맥락 ; 53
상황적 조건 ; 31

상황적응이론 ; 203
생활지도 ; 139
선악정사(善惡正邪) ; 56
선형독립 가정 검증 ; 208
선호 ; 19
성(Gender) ; 28
성격변인 ; 27
성과 ; 130
성숙도 ; 97
성향 ; 62
소집단 ; 105
손(hand) ; 59
수업 지향적 분위기 ; 114, 115
수업준비 ; 138
신뢰도 ; 31
실증적 연구 ; 26
실천적 인간 행위 ; 56
심리적 차원 ; 124
심리적 측면 ; 149
심리학적 관점 ; 143
심장(heart) ; 59

· 저자 ·

김재덕　·약 력·
(金載德)　숭전대학교 영문과 졸업
　호주 맥콰리 대학교교육학 석사(교육행정 전공)
　고려대학교교육학 박사(교육행정 전공)

중　정　·경 력·
(仲　廷)　한남대학교 강사
　현 고려대학교 강사
　현 명지대학교교육대학원 강사

·주요논저·
「연구논문」

「신약성서에 나타난 예수의 리더십 연구」(2003)
「도덕적 지도성의 연구 동향」(2007)
「학교 상황에 따라 학교장의 도덕적 지도성이 학교조직 효과성에 미치는 영향」(2008)

<관심분야>
학교조직, 교육행정 철학, 교육정책, 교육실습, 중등교육, 교육법

『저서』

『미국 교육법』(공역, 1999)
『예수의 리더십』(2008)

외 다수

- 초판 인쇄   2008년 6월 10일
- 초판 발행   2008년 6월 10일

- 지 은 이   김재덕
- 펴 낸 이   채종준
- 펴 낸 곳   한국학술정보㈜
              경기도 파주시 교하읍 문발리 513-5
              파주출판문화정보산업단지
              전화   031) 908-3181(대표) · 팩스   031) 908-3189
              홈페이지 http://www.kstudy.com
              e-mail(출판사업부) publish@kstudy.com
- 등   록   제일산-115호(2000. 6. 19)
- 가   격   17,000원

ISBN   978-89-534-9321-6 93370 (Paper Book)
          978-89-534-9322-3 98370 (e-Book)